FATMIR TERZIU

I0430257

Joni Poetik

Analiza dhe vëzhgime kritike

2012

Publikuar për herë të parë në UK më 2012 nga "Lulu".

Autori: Fatmir Terziu

Faqosi: Fatmir Terziu

Kopertina: Media Information Production (M.I.P.)

ISBN: 978-1-4717-1861-8

Shtypur: Shtëpia Botuese "Lulu"

UK, 2012

Sponsor: *Lidhja e Shkrimtarëve Shqiptarë në Botë*

Përmbajtja

Në vend të parathënies

Emrat e poetëve?! Deti dhe poezia?! Saranda..., Joni...,
Ksamili, ah, Butrinti..., gjithë toponimia dhe sintaksa që bëhet
palë e krijimtarisë joniane. E gjitha në një jetë. E gjitha në pak
shuplaka 'ujëdeti poetësh'. E gjitha sipas gojës së poetit Timo
Mërkuri: *"Sa pak det paska në poezinë shqipe…"* shkëputur
nga cikli *"Kur flasim për Artin Jonian"*. Dhe kur krijuesit
jonianë marrin dhe mbledhin detin në shuplaka, në vargjet e
tyre vetë ai deti përmbytet, zmadhohet në vlera dhe shukatet në
artifica. Është kjo krijimtaria letrare e jonianëve të dalë nga
'stërkala deti' dhe 'mite *legjendash'*, të ushqyera nga toka e
lashtë dhe krenaria e saj, të forcuara nga kohërat dhe sfumimet
e tyre. Është vetë jeta krijuese, që mbart shipirtin krijues.
Emrat e poetëve **Andrea Zarballa, Agim Mato, Bardhyl
Maliqi, Timo Mërkuri, Irena Gjoni, Niko Kacalidha,
Adrian Hoxha, Stefan Martiko, Romeo Çollaku, Spiro
Llajo, Vangjel Zafirati, Dashamir Malo, Lediona Braho,
Iljaz Bobaj, Vasil Gjivogli** apo edhe dhjetëra të tjerëve nuk
mund të lënë mënjanë emrat e tjerë krijues në fusha të tjera të
artit, si **Josif Papagjoni, Miho Gjini, Minella Gjoni,
Edmond Llaçi, Kostandin Vogli**. Gjithashtu ndoshta duhen
permendur edhe poetët më të hershëm të larguar nga
vendlindja, por që i mbajnë lidhur me të motivet dhe malli si
**Sulejman Mato, Ilirjan Zhupa, Vullnet Mato dhe i ndjeri
poet Viktor Qurku**. Qindra të tjerë në vite. Kërkojmë ndjesë
për mos përmendjen dhe vendosjen e mjaft emrave. Por,
premtojmë se do të jenë pjesë kryesore në angazhimet tona në
vazhdim. Ata do të jenë pashtershmëria e vazhdueshme e artit
Jonian. Ah "Arti i pashtershëm Jonian"... "Kur flasim për
"Artin Jonian"..." E kush më bukur se Timo, mund të flasë për
këtë art? Aq më tepër kur ai është më i freskëti. Është ai që
hedh edhe ca mendime mbi librin *"Jashtë eklispisit"* të poetit

të mirrënjohur, Agim Mato, të vlerësuar edhe në Londër nga **Irlandezo-Britanik Eddie Forde**, si një *"poet tipik dhe me vlera bashkëkohore të lexueshme."* Dhe teksa poeti i disa çmimeve Forde lexonte disa nga poezitë e Matos në anglisht, mendonte, rrudhte ballin dhe fliste: *"Këto janë poezi, paskan edhe jod, edhe ajër..., paskan Det të plotë në gjirin e tyre...".* dhe pastaj mendja më shkonte tek Saranda poetike, Joni Poetik. Dhe duhej fjala... Fjala magjike për të hapur Jonin Poetik... Dhe fjala e poetit, studiuesit dhe publicistit Timo Mërkuri, natyrshëm është arsyeja dhe çelësi më i përzgjedhur në këtë hyrje. Fjala e Timos është ai grusht artistik ndjenjash dhe faktesh që e bëjnë të gjallë përherë *"Artin Jonian"*, vetë **Jonin Poetik**... Ajo është, ... është e plotë sa vijon:

"Arti Jonian" nga Timo Mërkuri

Duke lexuar librin *"Jashtë eklipsit"*, duke medituar mbi ato poezi dhe poema, shumicën e të cilave e kisha lexuar edhe më parë, ku kalimthi e ku mendueshëm, varg pas vargu e poezi pas poezie, po skicohej tek unë mendimi se duhet folur për Artin Jonian, ndoshta duke nisur që nga ky libër. Kjo për faktin se edhe mendimet dhe konturimet e profilit të këtij arti, tek ky libër janë "jashtë eklipsit".

Unë nuk kam ndërmënd të hartoj ndonjë manifest apo traktat teorik për Artin Jonian, edhe për faktin se nuk jam teoricien letërsie, por disa mendime të lindura gjatë leximit dhe të ballafaquara në kohë, e ndjej si domosdoshmëri ti shpreh.

1-Ka ca kohë që shprehja "Arti Jonian" ka fituar të drejtën e qytetarisë, jo vetëm nëpër biseda krijuesish, por edhe në median e shkruar dhe atë të folur, gjer në atë shkallë, sa që, me të drejtë mund të flitet për një drejtim, rrymë, shkollë letraro-artistike me karakteristikat dhe veçoritë e saj. Fakti i egzistencës së një shoqate në Sarandë, me emërtimin "Klubi i Krijuesve Joniane" dhe organi i saj letrar "Arti Jonian", janë elementë plotësues në temën dhe idenë time për këtë shkrim. Jo vetëm kaqë, por mund të themi se emërtimet e mësipërme, si të Klubit ashtu dhe të Revistës, organ i saj, janë rezultante dhe konkluzione të kësaj teme, rrahur miqësisht nëpër biseda krijuesish, në takimet a promovimet letraro-artistike apo edhe nëpër bisedat në shëtitoren e qytetit, mbrëmjeve.

2-Të kuptohemi, nuk e kam fjalën këtu për "kulturën jonike" të antikitetit grek , por flasim për një botë kulturore moderne:
a-gjeografia e të cilës, shtrihet në disa shtete që lagen nga ujrat e mesdheut në tërrësi dhe kryesisht të Jonit, në veçanti duke përfshirë në të Shqipërinë Jugore, Italinë Jugore dhe Kalabrinë në veçanti, si dhe Greqinë Veriperëndimore dhe Qipron..
Është tjetër temë fakti që kontaktet me njeri tjetrin këto shtete i kanë patur, herë herë shumë të kufizuara, ose herë herë shumë "inatçore", tipike "ballkanike".
Kjo se ka penguar faktin që, tejë klimës së acartë ndërshtetërore, nga të dy anët e piramidave, të çelnin dhe aromatizonin ajrin të njëjtët trëndafila, apo që në mes të luftanieve, që e shihnin njera-tjetrën me grykë-synë e topave, të fluturonin pulëbardhat krahëëndër e ngjyrëpaqe.
b-hapërsira jetike e lëvizjes e së cilës nuk kufizohet nga vijat e kufive shtetërorë. Piramidat dhe klonet ndajnë shtetet, ndajnë kontaktet fizike të popujve, por nuk i ndajnë dot kulturat dhe artet, aqë më tepër kur ato kanë të njëjtin shtrat lindjeje.
Jo vetëm kaq, por ndodh që kulturat dhe artet janë urat e para të miqësimit të popujve, kombeve dhe shteteve. Ballkani ka plot shëmbuj miqësimi të tillë.
c-datëlindja e së cilës nuk matet me vite e dekada, mandje mund të themi se ajo s'ka "lindur" e tillë, por është rritur (dhe ritet çdo ditë) si e tillë, ashtu si fëmija që lind si fëmijë, por rritet si vajzë e bukur a djalosh çapkën.
ç-shikimin e tij plot dritë e ka drejt të nesërmes, pavarësisht se mund të jetë duke të folur për të djeshmen a për të sotmen.

3- Artin Jonian , unë e kuptoj si një hapërsirë të kaltër deti nëpër vargje (prozë, pikturë a muzikë), plot jod e lule të vockëla ulliri, që ndjell paqen edhe në mes të rrebeshit, qoftë ky rrebesh lufte a ndonjë lloj tjetër.

Fjala poetike e Artit Jonian është si një pulëbardhë, që me lojën e saj nëpër e mbi valë, tërheq shikimin e meditimin, qoftë të një djaloshi të dëshpëruar në fundbotë, nga dhimbja e refuzimit të dashurisë së parë, qoftë edhe e luftëtarit që shkon a vjen nga lufta. Kësaj pulëbardhe i ka hije të fluturojë mbi kryet e …lavdisë me një degë ulliri në sqep. Dhe në qoftë se nuk mban degë a gjethe ulliri, atëherë ne i afrojmë një varg poetik, të kaltër si qielli dhe si shpirti jonë, të bukur si ëndra jonë, të patjetërsueshëm si ne vetë.

Të kultivosh Artin Jonian duhet:

- të jesh i madh sa bota joniane, të jesh fqinj(shpirtëror më shumë se fizik) me Poseidonin (diku midis qytetit të Sarandës dhe Korfuzit, në thellësinë 5 mijë metra, thuhet se e ka selinë)

-të zgjosh te valët e detit Afërditën çdo mëngez (diku pranë ish Gurit të Madh, te plazhi i vjetër e ka patur tempullin e saj, ku detarët i blatonin dhurata)

- te zhurma e kallamishteve, diku në Butrint, të dëgjosh vajin e Siringës a të Nimfave për Panin e Madh dhe të kesh kujdes mos trazon qetësinë e Amazonave monovise (me një gji) te fusha e Kerstrinës.

-ti lëshë në qetësi kodrat e Hermesit (Eremecit) mbi Sarandë dhe të soditësh Zeuzin kur qëllon nga Maja e Vetëtimës me rrufetë e tij apo kur i pëshpërit Herës fjalë dashurie me fëshfërimën e lisave të Pilurit…(Prandaj kemi shumë këngë dashurie ne pilurjotët).

-të kërkoni bashkë me mua varin e Ankizmit, babait të Eneas, vdekur e varosur në Sarandë , prej nga mori edhe emrin qyteti Ankizmit (Onhezmit- më von) etj. etj.

-Duhet patur kujdes në Sarandë, miqtë e mi. Po të lëvizësh një gur, nën të zgjohet një legjendë, po të mënjanosh një shkure në breg, mund të soditësh një nimfë, sirenë a ndoshta vetë Afërditën."Këtu po të gërmosh/të duket se do prekësh dorën e një statuje/zgjatur drejt teje për ndihmë" pohon Agim Mato në një poezi të librit *"Jashtë eklipsit"*.

-Por ajo që ka më shumë rëndësi dhe që ka krijuar atë klimë specifike arti jonian, është fakti se të gjitha këto legjenda flasin për paqe, mandje edhe për pendim për luftërat e djeshme, flasin për qetësi e dashuri, mirëdashje e mirëkuptim dhe për shumë dhimshuri, qoftë edhe për Enenë, luftëtarin e çartur të Trojës, që këtu ka ardhur ti japë vendprehjen e fundit të jatit. Prandaj është dhe pa shpatë. Ndoshta "ja dha" Virgjilit t'ja shpinte në Itali, ku e prisnin beteja të reja, duke lënë të nënkuptohet (ëndrahumburi) se, në këto vise, "ku kanë lindur perënditë" (sa shumë legjenda antike dhe të reja ka në brigjet joniane), njerëzit duhet të jetojnë paqen e ...perëndive.

-Të kultivosh Artin Jonian do të thotë ti ngresh hymn jetës në mes të mortit, ti japësh frymë paqes në zgrip të luftës, të ngjyrosish me kaltërsinë e detit shpirtin e njerëzve, të mbjellësh në jetët e tyre një... ulli, pavarësisht se prej tyre mund të kesh hequr ...të zitë e ullirit."A e dëgjoni zhaurimën e një hymni që ngrihet sipër tyre"Pyet e spret përgjigje poeti Agim Mato te poema Ullinjtë.

-Te zemra jonë fillon deti, te zemra jonë fillon Arti Jonian dhe prej këtij det-arti ne nisim nëpër botë vargjet tona si pulëbardha.

-Te Arti Jonian rinë lirshëm legjendat e djeshme dhe marrëzitë e dashuritë e sotme.

-Aty ka vënd për lavdinë e heronjve famëshumë, siç ka vend nderi dhe për atë puthjen e parë, të pafajëshme e të papërsëritëshme në magjinë e saj, të adoloshencës.

4-Në shkrimin e tij "Art-organika e poezisë së Agim Matos" prof. Fatmir Terziu bën një zbërthim mjeshtëror të asaj që unë do ta quaja "Pamje anatomike e poezisë së Agim Matos". Mjeshtërisht miku ynë zbulon dhe tregon jo vetëm "trungun, lulet e gjethet e pemës poetike (po të binim dakort që ta quanim kështu) por edhe rrënjët e kësaj poezie , mandje edhe "shkëmbinjtë që kapërcejnë këto rrënjë". Unë e kam përshëndetur sinqerisht këtë analizë shkencore dhe vijoj ta rilexoj me kënaqsi, por tani që i hyra këtij shkrimi, më duhet të them se miku ynë ka haruar një gjë pa treguar. Dhe pikërisht ka haruar të tregojë "ushqimin" që depërton nëpër këto rrënjë arti dhe na jep atë lulim aqë të bukur poetik.

Në qoftë se më lejoni, unë do tju them se edhe bletët mbledhin nektarin e luleve, por ndryshe është nektari i luleve të malit të Çajupit, psh ku mbizotërojnë disa tipe lulesh dhe ndryshe është nektari i luleve të Malit të Sopotit, lule të cila janë të ndryshme nga ato të malit të Çajupit. Dhe për pasojë edhe mjalti i prodhuar nga bletët që mbledhin këto dy lloje nektari është i ndryshëm, edhe si aromë, por edhe si vlera kurative. Për vlera ushqyese flasim herë tjetër.

Atëherë le të shohim se ku, në ç'male a në ç'fusha e "ka mbjellur pemën poetike" Agim Mato, për të analizuar ushqimin që depërton nëpër rrënjët-nerva.

5-Te poetët sarandiotë, ajo që të bie në sy menjëherë, është fakti se kanë një stil dhe një botë poetike të tyren, të dallueshme nga poetët e tjerë të trevave të ndryshme shqiptare.

Nuk është vargu karakteristik, ajo që na dallon. Përgjithësisht përdorim një varg të shkurtër, të lirë dhe të thyer, që të kujton përthyerjet e relievit bregdetas mbi Detin Jon. Përmes një sintakse të goditur dhe një metafore fine, depërtojmë te zemra e lexuesit dhe gdhendim mesazhin e tyre. Por edhe vargjet e rregullta apo vargjet gati homerike (N.Kacalidha) janë relieve të poezive të shokëve tanë.

Por jo, nuk janë vargjet, ato që i dallojnë, duke i dhënë secilit profilin e vetë..

Është ajo hapërsirë e kaltër, gati qiellore,   plot yllësi metaforike apo plot njelmësi detare, ajo që të fton ti lexosh dhe

rilexosh dhe të pyesësh veten se nga vjen kjo ngrohtësi në këto poezi, në këto rreshta proze apo ngjyra pikture.
Ata, ngado që venë, detin e marin me vete. Kuptohet se jemi pjesë e detit dhe se deti fillon te zemra e tyre, për të vazhduar më tejë, nëpër brigje. Por ata, gjithsesi e marim detin me valët e stërkalat e tyre, me aniet e sanallet e peshkatarëve, me pulëbardhat mbi valë e myshqet në fund të detit.
"Gjithë ditën fjalosemi me detin" pohon poeti për të deklaruar te Ode e fëminisë, fq 59, se : -Jemi ende fëmijët e tu të përjetshëm/shtangur para magjive jonike. Figuracioni detar vijon pothuaj në të gjitha poezitë dhe ajo që është më e bukura është fakti se nuk krijon asnjë monotoni,përkundrazi, krijon një bukuri detare, të admirueshme, ashtu si valët që përsëritin njera tjetrën, duke qënë dhe aqë të ndryshme nga njera tjetra.
"Valët u ngjirën duke folur" dëshmon poeti lidhjen organike me detin .Por deti ska vetëm figuracion dashurie por edhe dhimbjeje:-"Shkëmbinjë e nënujshëm të luftës së klasave/na e përmbysën barkën e dashurisë. thotë poeti te poezia Dashuri e vdekur.
Idenë e lidhjes me detin autori e jep ndjeshëm kur shkruan te "Shqetësimi pranveror":- Kam përshtypjen se u mblodhën aromat e tokës/gjithë dritat,gjithëshqetësimet e detit/vetë mendimet e ullinjve dhe më krijuan mua.
Pas kësaj,unë do të pyesja: A ka ndonjëri biografi më të bukur se kjo?
-Ata mund të jenë kudo duke shkruar, në një qytet a fshat larg bregdetit, për një temë larg aktualitetit, ndoshta edhe të rahur apo trajtuar nga poetë e shkrimtarë të tjerë, para tyre. Por gjithsesi do shkruajnë si bregdetas, të rritur dhe edukuar brigjeve të Jonit. (Kur them si bregdetas, nuk e kam fjalën si banorë në vijën bregdetare Llogara-Kepi i Stillos) Nga bregdeti do ti marim figurat, ose do ti veshin ato me "mantelin" e ngrohtë bregdetar.
6-Poetët sarandiotë përgjithësisht e mbartin me vete vendlindjen dhe vendorigjinën e tyre dhe e shtrijnë atë përmbi

botë, duke "kërkuar" që gjithë bota të jetë si ajo,vendlindja apo vendorigjina bregdetare e tyre, e cila në subkoshiencën e tyre është më e bukura, më magjikja gati gati si një përrallë e gjallë. Agim Mato, nuk ka jetuar në Fterë, nga ka babain dhe pak fëmini ka kaluar në Konispolin e nënës së tij, por gati në gjithë poezitë e tij, dhe kryesisht te libri "Jashtë eklipsit", nëpër vargjet e tij dhe në hapërsirat midis vargjeve, gjen kryesisht dhe gati përgjithësisht Sarandën, Konispolin (nuk e kam fjalën vetëm për poemën "dekonspiruese" "Qafa e Botës") dhe ...Fterën.

...Tërë këto shënja,këto strehë, murre, hatulla/I kam patur me vete që nga fëmijëria/ .../Ndoshta pa to/Nuk do kasha gatuar dot brumin e vjershave të mia.. pohon me sinqeritet te poezia "Tiranë e vjetër"

Natyra, ngjyrat, tingujt te poezitë janë të viseve tona jonike, vargjet plot përthyerje, janë malet e bregdetit jonik. Dhe "mirazhet e përmbysura të qytetit" tim Sarandë, mbi valët e detit Jon i shikon..Ndoshta te ai shkëmbi i madh, ku laheshim në fëmijëri dhe duke "notuar fundo zbuluam se shoqet tona ishin nimfa".

Në një koment te Fjala e Lirë për një poezi tënden kam shkruar instiktivisht që, kjo poezi vetëm në Sarandë mund të shkruhet. Pa dashur kisha qëlluar në shenjë, jo vetëm për atë poezi, por për gjithë krijimtarinë e Agimit. Mandje gjer në atë pikë, sa që vargjet e tij të përthyera, më konturojmë në fantazi shkallaret e qytetit tim, me ato bungovile metaforash e palma krahasimesh anës tyre..

7-Por nuk është vetëm natyra që mbartet në krijimet e krijuesve jonianë. Ajo që ka më shumë rëndësi është se ata mendojnë e shkruajnë me psikologjinë e bregdetasit jonian, plot dashuri e dhimshuri. Sa shumë dhimbje ka në poezitë e tyre dhe me sa art është derdhur ajo në format fine të vargjeve. Mjafton të lexoni ciklin poetik për detarin plak dhe të më jipni të drejtë.Po ska rëndësi dhe pos më dhatë mua të

12

drejtë.Rëndësi ka të përjetoni magjinë poetike të vargjeve të këtij cikli.:-Mbi supet e detarëve/hepoet arkivoli i detarit plak/si një maunë që vozit drejt limanit të saj të fundit.(Varimi I kapedanit fq 74) ose më tejë:-Lamtumirë kapedan!Kur tu hipim anieve/do tu biem sirenave për ty/do tu biem stuhive…dhe velat e tua do të zbardhëllejnë/horizonteve detare.

Dhimbja është pjesë e jetës së poetit(për këtë jam dëshmitar dhe unë) dhe pra,është pjesë e poezisë së tij:- Te porta e gurtë e dimrit…përpëlitet një zog, një zemër.Por më e madhe është dhimbja për fatet e kombit;-Shqiponja ishte dëbuar nga flamuri Shqiponja fq 54 ose "rrotat e historisë kishin ngecur në baltrat e mesjetës. Rrotat e historisë fq 53 vargje këto që gjithsesi të ndjellin brengë e dhimbje.

Ka aqë shumë dhimbje në këto poezi sa që guxojnë të akuzojnë dhe ti tundin kërcënueshëm gishtin edhe zotit: -Nga kush kishe frikë zot…atëherë…kur kishin frikë dhe shpresat të na trokisnin në dritare?

Por le të nisim të lexojmë një tjetër poezi :- Tanket derdhin gjakun e luleve. Kur lexova vargun e parë, ndoshta duhej ta ndërprisja këtu leximin e poezisë, pa qënë nevoja të shkoja më tejë për të lexuar se:-Dhe unë dëgjoj rënkimin e barit/tufën e zogjve shtegëtarë që vijnë nga larg dhe mërgojnë sërish të tromaksur/ valën që ngjiret duke të folur…

Ky është Arti Jonian, mandje edhe kur je Far i vetmuar në Jug, ndarë nga njerzit nga …lufta e klasave…I nxirrosur e i gëryer nga rrotullimi i galaktikave, i përmjerë nga yjet, i pëgërë nga glasa hënore. I vetmuar e i haruar nga aniet…

-mandje ta kesh zili dhe fatin e Prometheut;- Fat më të mirë kishte Prometeu/ kur i dërgonin Hermesin ti ndëronte gozhdët atje lart….Të paktën këmbënte dy llafe…

Por shpresa është aty ku është dhimbja, dhe kjo e ka shpëtuar poetin,njeriun;-Dhimbjen për ty,si një bukë të hidhur e ndamë/dhe pushuam së qëni rivalë.fq 65 Afërdita)

8-Nuk e di sa dakort do jenë miqtë e mi me mua, por unë mendoj se kjo botë magjike te poezitë e krijuesve saranditë në veçanti dhe të lëvruesve të Artit Jonian në përgjithësi e ka burimin te bota e pasur e traditës popullore. Ndoshta këtu duhet të citojmë Nobelistin Odisea Elitis kur thotë se;-"Asnjë revulucion, as në arte, as në jetë nuk ka më shumë shpresa suksesi nga ai që përdor si pikëmbështetje traditën".

Të gjithë lëvruesit e Artit Jonian janë njohës të hollë të artit popullor të trevave joniane dhe prej tij kanë marë jo vetëm tema (Dragoi syrit të kaltër) por në rradhë të parë botën shpirtërore të njeriut jonian.

Por te Agim Mato ka një ndikim të jashtëzakonshëm edhe poezia e arbëreshëve, pjesë organike e Artit Jonian, jo aqë për temat se sa për atë bardhësi figurash e kaltërsi horizonti që egziston ,jo vetëm te këngët popullore arbëreshe, shumë prej të cilave ai i ka përshtatur në shqipen e sotme, por edhe te arti i kultivuar i tyre.

Më sipër përmëndëm faktin se në poezinë e Agim Matos dhe të poetëve të tjerë sarandiotë mbizotëron dhimbja. Kjo është e shpjegueshme. Ata jetojnë në një trevë ku këngët e para që kanë dëgjuar, kanë qënë vajtimet e nënave dhe të gjysheve të tyre. Dhe po të kemi parasysh faktin se kënga iso-polifonike trashëgoi nga vajet atë bukuri emocionante, të admiruar e të vlerësuar jo vetëm prej nesh, atëherë është i kuptueshëm djepi ku u përkund dhimbja e artit jonian.

Por ama , ajo që vlen të theksohet është fakti se tejë dhimbjes shohin jetën, shpresën te e nesërmia më e bukur, atë shpresë që jua kultivojnë dhe lexuesve,si te poezia e bukur e Lejla Malos:- Duhej të pikonte gjaku i saj/në vendet ku fillonin portat e shtëpive tona/që ne t ë vinim në jetë/dhe të dashuroheshim.

9-Të lëvrosh Artin Jonian nuk do të thotë të trajtosh me doemos tema "me det "

Kam lexuar me interesim ciklin poetik mbi Itakën të poetes kosovare Sabile Çekmezi-Basha, cikël i cili qëndron shumë lart artistikisht. Por ama, pasi e lexova, mu krijua përshtypja se Sabilja e kërkonte Itakën diku në… Kosovë, pranë Gjilanit a pranë Prishtinës, duke rendur në shpinë të kalit, si një amazonë e plagosur. Ajo ka të drejtë për …Itakën e saj, por jo për Itakën e …Homerit dhe të letërsisë. Itaka është lufta (jo gjaku I derdhur. Sa pak gjak që paska në këtë luftë të Odisesë. Skuq prej tij vetëm syri i qikllopit. Sepse gjaku i derdhur dhe vrasjet e pretedentëve në shtëpinë e Odisesë, janë një episode që gjithmon analizohet më vetë, për tu mbyllur pastaj me paqen e vrasësit-hakmarës Odise me të afërmit e viktimave uzurpatorë ..) Por mbi gjithëçka, tek Odiseja i Homerit, është ajo klimë paqeje dhe shprese jonike e shoqëruar me njelmësinë e detit, nën një qiell të kaltër me fluturime ëndrash e pulëbardhash.

Kjo klimë mungon te Itaka e poetes kosovare, dhe s'ka si të jetë, se dhe ajo vetë s'kërkon ta thotë jonianisht idenë e saj.

Me që hymë në këtë temë, le të shohim një poete tjetër nga Kosova, në mos gabohem bashkëqytetare me Sabilen, poeten Albina Idrizi. Në poezitë e saj s'kam lexuar asnjë varg për detin, s'përmëndet gjëkundi bregdeti, ishulli, pulëbardha apo ..guacka.

Por seç ka një ngrohtësi gati jonike, në vargjet e saj, që të bën të kthesh kokën me vëmëndje e të pyesësh diçka. Unë s'e di burimin e kësaj ngrohtësie te ato vargje.Mund të jenë si pasojë e leximeve të shumta, e kontakteve njerëzore apo fantaziste, por përsëri dhe tek ajo mungon ajo hapërsirë nëpër vargje që të lejojë ta profilizosh artin e saj si Art Jonian, gjë të cilën mendoj, se ajo as e ka menduar ndonjëherë. Çuditërisht, pra, më afër Artit Jonian qëndron një temë …aspak joniane , sesa një temë me Itakën e… shumëpoetizuar, duke të dhënë konkluzionin se tema e poezisë, është gjëja më e fundit në këtë …temë.

10-Është një botë vërtet e bukur, gati magjike, bota e Artit Jonian.
Mirë se të vini, miq.

Kur qytetin blu e prek pos dihatjes së krijuesve

Takimin tokësor me Sarandën e ndjen vetëm kur ke pranë atë copë tokë të munguar vitesh. Atë copë tokë që laget e laget shekujsh nga valë të kaltra e të kristalta Joniane. E ndjen më të plotë kur ke pranë tërë atë grumbull krijuesish që kanë lënë gjurmët e tyre në këtë copë tokë të përzhitur e të kripur jo vetëm nga Deti, por edhe nga lotë-kohërat. E shijon majanë e kësaj toke bukëbardhë mes **Agimit, Bardhylit, Irenës, Timos, Minellas, Maksit, Zaho Vasilit, Andrea Zarballas, Pajtim Çaushit** dhe dhjetra të tjerëve dhe e ëmbëlson mes vargjeve, krijimeve, studimeve dhe këngëve që sjellin mushtin isopolifonik ndër vite. E për një çast harron 'shakanë' dixhitale që vjen në telefonin tënd majë Llogarasë shkruar në një gjuhë tjetër. Shaka?! Ecja fluturake e makinës ndanë valëzakeve tokësore që lënë pas shkoqitje të lashta mes avujve të nxehtë të Gushtit duket natyrshëm e papajtueshme me tërë këtë 'shaka' dixhitale edhe kur ajo afron afër Qeparoit, edhe kur i kalon mes për mes Himarës... apo edhe kur shëndetet me Kështjellën e Vasiliqisë, kështjellë të cilën Ali Pashë Tepelena do ta linte me ndjesinë më të madhe për kohërat.

Kështjella e Porto Palermos të pështjell mes vetes nga larg. Dhe teksa rrotat e makinës ndjejnë afshin e nxehtë të Porto Palermos, një fllad i freskët të pushton nga ajo pikë ku ndodhet një nga perlat më të vyera të historisë shqiptare. Është kështjella e Porto Palermos, një nga sarajet e shumta të strategut Ali Pashë Tepelena, të cilat ai jo pa qëllim i ndërtonte në pika strategjike. Por kjo kështjellë në mes të detit ka dhe një legjendë. Ajo është ndërtuar nga Ali Pasha edhe si një dhuratë për një nga gratë e tij, Vasiliqinë, të cilën, sipas kronikanëve të kohës, Pashai i Janinës e kishte shumë për zemër. Bukuria dhe madhështia e kësaj kështjelle ka zënë vend në shumë libra kushtuar Ali Pashës. Për të, ashtu si dhe shumë të tjerë, ka shkruar dhe Aleksandër Dyma, autori i Konti Monte Kristos.

Edhe pse tashmë bukuria e kësaj kështjelle, e ndërtuar rreth dy shekuj më parë, e tëra me konstruksion guri, është venitur, ajo që të vjen ndërmend është përgjigjja historike për atë mesazh dixhital atje lart në Llogara, për të cilin kohë më parë kisha lexuar edhe Timo Mërkurin e letrave shqipe.

Dhe teksa ndjen se rruga që lidh fshatrat Qeparo dhe Borsh është e vetmja mënyrë për t'ju afruar kështjellës legjendare të Ali Pashës, ndjen edhe një gjest detyrimi të telefonosh Petraq Palin. Dhe ai të zë pritë menjëherë. Vetë i dytë, ashtu me pantallona të shkurtra të qafon me mallin e një miku... Të ndalon me forcë. Mburret me Qeparoin turistik!

Ke lënë pas Qeparoin dhe Petraq Palin, por edhe atë panoramë të mrekullueshme të detit ku në mes si një ishull i vogël dukej vendi ku është ndërtuar kështjella e Porto Palermos. Nga Arbër Bilbili, por edhe nga Minella dhe Iren a Gjoni mëson se ky emër i ka mbetur këtij gjiri nga koha e pushtimit të italianëve, të cilëve u kujtonte vendin e tyre, qytetin e Palermos në jug të Italisë. Irena tretet kur flet për të, por edhe për Lëkurësin që do të flasim më tej "Ajo ndodhet në një gati ishull që lidhet nga një rrip i ngushtë shkëmbinjsh e dheu me tokën. Kështjella ngrihet madhështore në ishullin e mbushur tashmë me një bimësi shkurresh." Irena shton se "Ajo perlë që shkëlqen nga larg në mes të Jonit duket si një ndërtesë e harruar dhe e braktisur nga të gjithë. Që në hyrje të kështjellës së Ali Pashës përballesh me mungesën e portës dhe të stemës, elementë këto që i kanë të gjitha kalatë. Mungesën e portës synojnë ta zëvendësojnë bimësia dhe shkurret e shumta që janë rritur në hyrje të saj, ndërsa në vendin ku duhet të ishte pllaka me stemë është një zgavër bosh. Banorët e vetëm të saj, dy ushtarët, tregojnë se dera ka shumë kohë që është zhdukur, ndërsa pllakën e kanë vjedhur. Në këtë pllakë dikur shkruhej Unë Pashai i Madh, Aliu e ndërtova këtë kështjellë , ndërsa tani shquhet emri Genti, i shkruar me ngjyrë blu. Është emri i një prej ushtarëve të hershëm që ka ruajtur këtë fortifikim. Akoma dhe më shumë zhgënjehesh me atë që ke përjetuar për së largu kur futesh brenda në kështjellë. Oda e madhe dhe të tjera të lidhen me të tashmë janë shndërruar në bodrume ku vjen vetëm era lagështi dhe myshk dhe era e rëndë pengon qendrimin aty të çdo lloj gjëje të gjallë. Të gjitha odat janë krejtësisht të boshatisura dhe të shkatërruara ca nga koha dhe ca nga njerëzit që e kanë administruar atë. Forma e dhomave, kolonave mbajtëse me harqe dhe disa kthina të vogla të bëjnë të kuptosh se dikur ajo ka qënë e banueshme. Tashmë aty asgjë nuk të kujton kohën e Ali Pashë Tepelenës. Në hyrjen e disa prej dhomave kanë mbetur disa mbishkrime, por ato i takojnë kohës së komunizmit kur kështjella ka shërbyer si repart ushtarak. NAFTË, VAJ, ARMATIME si dhe emra ushtarësh të ndryshëm të gdhendur në muret e brendshme të kështjellës, janë të vetmet shenja që kanë mbetur nga periudha kur saraji i Pashait të Madh ishte repart ushtarak funksional. Në dhomat ku ka dritare drita e diellit të tregon perlat e kështjellës.

Arbër Bilbili shton "Ashtu në errësirë me pak imagjinatë mund të hysh në botën antike të Ali Pashë Tepelenës dhe njerëzve të tij. Aty ndodhet dhoma e Vasiliqisë, të shoqes së Ali Pashës, dhoma e vetë pashait por dhe dhomat e njerëzve të tij të afërm. Në krahun e majtë ndodhet dhoma ku një herë e një kohë gjendej pusi. Një burim me ujë të ëmbël ka ekzistuar kohë më parë në këtë kështjellë por tashmë ka mbetur vetëm forma e pusit ku janë thyer disa gurë. Në krah të kësaj dhome ndodhet edhe hyrja për një nga tunelet e nëndhshme ku qëndronin të burgosurit e Ali Pashës, mbretit Zog dhe Enver Hoxhës. Nga ana tjetër, janë shkallët për tu ngjitur në bedena, nëpërmjet një rruge të ngushtë nga ku hyn ajri i pastër i detit. Pamja që shfaqet nga bedenat e kështjellës është e rrallë. Prej aty duket i gjithë bregdeti si dhe Gjiri i nuseve, në të cilin, sipas legjendës, lahej nusja e Ali Pashës, Vasiliqia. Forma e tarracës tregon se në atë kohë ajo ishte një vend shumë i mirë për tu mbrojtur nga armiqtë."

Ai në shkrimin e tij na jep më shumë të dhëna "Aty ndodheshin topat luftarakë të Ali Pashë Tepelenës si dhe vendet ku qendronin ushtarët. Bedenat bien menjëherë mbi det, si thikë, dhe legjenda thotë se aty përfundonin armiqtë e Pashait të Madh. Dhjetëra burra trima që kishin guxuar të sfidonin Ali Pashë Tepelenën kanë përfunduar në det ose janë përplasur në shkëmbinjtë që ndodhen poshtë bedenave. Forma e tyre tregon se ka qënë shumë e vështirë për ti pushtuar nga ana e detit. Tashmë bedenat kanë humbur shkëlqimin e dikurshëm. Bimësia ka mbuluar gjithçka dhe bari jeshil është rritur shumë nëpër bedena. Në pranverë aty çelin lule të ndryshme. Madje në dy vende kishin mbirë dhe pemë fiku, të cilat vite më pas mund të shkatërrojnë atë që nuk e prishën dot as topat luftarakë. Rrënjët e pemëve kanë hyrë thellë mes gurëve dhe nuk është ndonjë çudi që ti ndajnë ato përgjithmonë dhe të shkatërrojnë ndërtesën 200- vjeçare që Ali Pashë Tepelena ndërtoi për një nga gratë e tij Vasiliqinë, aty në mes të detit Jon." Por çfarë mësojmë më tej?

"Transformimi i kështjellës në kohën e Zogut dhe Hoxhës Kështjella e Ali Pashë Tepelenës është ndërtuar rreth dy shekuj më parë dhe deri në ditët tona ka kryer shumë funksione. Fillimisht ajo u ngrit si një dhuratë, buzë detit, për të shoqen e Pashait, Vasiliqinë. Më pas ajo u kthye në burg, depo armësh e vend internimi. Ndërsa në ditët e sotme ajo shërben si një bazë ushtarake. I pari që e shfrytëzoi atë si burg ishte mbreti Zog. Ai burgosi në kështjellën e Ali Pashë Tepelenës kundërshtarët e tij si Nonda Bulka dhe Tajar Zavalani. Në kohën e pushtimit italian perla buzë detit u shndërrua në një bazë armatimi. Nën shembullin e mbretit Zog edhe pushteti komunist pas çlirimit e përdori pronën e Vasiliqisë për të izoluar disa nga armiqtë e tij më të rëndësishëm. Fatbardh Kupi, i biri i Abaz Kupit dhe Viktor Dosti, vëllai i Hasan Dostit janë dy nga të burgosurit vip që u izoluan gjatë regjimit komunist në fortifikimin e Ali

Pashës. Kështjella nuk shërbeu gjatë si kamp internimi. E vendosur në një vend strategjik, aty nga vitet 50 fortifikimi i Pashait të Janinës do të shndërrohej në një bazë ushtarake. Që nga ajo kohë dhe deri në vitet 90 kështjella ishte e veshur me mister. Shumë pak njerëz i afroheshin asaj dhe jo për të shijuar bukurinë në mes të detit. E gjithë rruga pranë kështjellës ishte zonë e ndaluar, ndërsa për atë që ndodhte brenda saj zor se merrje vesh ndonjë gjë. Vendi ku një herë e një kohë Vasiliqia i lutej zotit

Por gati 300 metra larg kështjellës, në anë të rrugës ndodhet dhe kisha e famshme të cilën Ali Pashë Tepelena e ndërtoi personalisht për Vasiliqinë. Kjo dhuratë simbolike ishte tepër e çmuar për Ali Pashën. Kisha ndodhej jashtë bedenave dhe ajo mund të sulmohej nga armiqtë e tij. Ndaj ndërtimin e saj Pashai i Janinës ia besoi arkitektit italian, i cili e mbaroi brenda një kohe të shkurtër. Kur arkitekti italian i dorëzoi kishën Pashait të Madh dhe i kërkoi paratë për punën e kryer, ky i fundit i propozoi një provë. Ai i tha arkitektit që do ti jepte paratë për punën e kryer vetëm nëse kisha do të ishte e fortë dhe do të duronte goditjet e topave. Pasi mbylli arkitektin italian në kishë, Ali Pashë Tepelena urdhëroi topçinjtë e tij të qëllonin mbi kishën e vogël.

Disa gjyle topi ranë mbi kishë, por asaj nuk i lëvizi as edhe një nga gurët që përbënin konstruksionin e saj. Kjo e siguroi Aliun se gruas së tij nuk do ti ndodhte gjë kur të ishte në kishë. Pas kësaj ai i dha paratë arkitektit italian. Edhe pas kaq vitesh kisha nuk ka pësuar ndonjë ndryshim të madh. Dera e saj qendron e mbyllur, ndërsa në të dy krahët janë ngritur ndërtesa të vogla që shërbejnë si depo të ushtrisë, shkruan Bilbili.

Pas kësaj udhëndalese të detyruar historike pikëtakimi është Saranda.

Saranda është qytet në jug të Shqiperisë, e vendosur në bregdetin jonian, përballë ishujve të Korfuzit. Emri Saranda vjen nga një manastir i hershëm kristian që i kushtohet Dyzet Shenjtëve (Ágii Saránda në greqisht) (Santi Quaranta në italisht). Saranda ndodhet rreth 300 km larg Tiranës, kryeqytetit të Shqipërisë. Përkohësisht mjeti i vetëm i udhëtimit për në Sarandë janë automjetet dhe këtu të bëhet paksa 'gogol' rrugëtimi edhe pse me shumë kënaqësi përhumbesh në të. Transporti detar i Saraadës e lidh qytetin vetëm me qytetet greke të Korfuzit dhe Igumenicës. Është projektuar ndërtimi i aeroportit të qytetit në fshatin Vrion, 1 km larg tij.

Dhe pasi ke harruar tërë këto kilometra pranë teje ndjen dorën e ngrohtë miqësore të Timo Mërkurit, ndjen dorën që kurë s'ke për ta harruar..., gjatë e gjatë në jetën tënde, ndjen Bardhylin, përqafimin me Agimin, Irenën, Maksin... etj.

Bashkë me Irenën, bashkëshortin e saj të mrekullueshëm dhe time shoqe, Lucianën dhe vajzën time Evisën, natyrshëm do të fiksonim çastet e vizitës tek pika turistike e Lëkurësit, caste që vlejnë sa miliona pikëtakime miqësore. Qetësisht dhe nën dihatjen tipike të Kalasë me të njëjtin emër, 'shartohemi' nga tingujt muzikorë të Aleksandër Gjokës dhe të qindra e qindra kryqëzimeve zanore që pushtojnë këtë pikë historike. Irena na tregon me zellin dhe dashurinë më të madhe ne e dëgjojmë. Kalaja e Lëkurësit është sot vetëm një kala e shekullit të XVI me vlera turistike, e një ish fshati të lashtë. Mendohet nga historianët të jetë ndërtuar rreth viteve 1537, në kohën kur Sulltan Sulejmani sulmoi Korfuzin dhe i lindi si domosdoshmëri kontrolli i Skelës së Sarandës dhe rrugës që kalon Sarandë-Butrint. Në vitet 1878 fshati sulmohet nga 800 andarte greke dhe per atë kohë këndon populli këndon:

Në Lëkurës u zu dufeku,/
... Islam Fterra armë larë,/
U vra në uxhum të parë.

Dhe më tej gjejmë diku se "vetë zhdukja e këtij fshat dhe emigrimi i popullsisë në Itali vjen si pasojë të andarteve greke.

Në një vëzhgim të qetë nga kjo pikë tashmë soditet bukur krejt Saranda. Kalaja ndodhet midis rrënojave të fshati Lëkurës mbi majën e një kodre të lartë që ngrihet sipër qytetit të Sarandës.

Ka një pozicion të veçantë strategjik nga ku mund të shikoni gjithë qytetin e Sarandës dhe rrugën që shkon në Butrintit, gjithashtu mund të shijoni dhe një panoramë të ishujve të Ksamilit. Ka formë katrore me dy kulla të rrumbullakëta të vendosura në VP dhe JL. Katrori me dy rrumbullake ne diagonale është simboli i lëkurëpunuesve në mesjete ne këto zona. Kati i parë ka shërbyer si depo. Kuptohet nga pozicioni i vendosjes që qëllimi kryesor i ndërtimit të kalasë ishte vrojtimi i detit. Lartësia e mureve arrin 6,7-7 m trashësia e tyre deri në 2 m. Sot në Lëkurës funksionon bar-restoranti me arkitekturë të hershme dhe tepër bashkëkohore, i cili na afroi një shërbim ideal mes miqve të tillë dhe studiueses doktorante Irena Gjoni. Dhe pamë nga afër se si kjo pikë është kthyer në një nga pikat më të bukura turistike dhe nga më të frekuentuarat për çdo turist që viziton Sarandën.

Sapo nata e ditës së dytë të qëndrimit në Sarandë do të niste me shëtitjen tipike të familjes sime që i bashkëngjitej ecjes tradicionale të qytetarëve në korzon kryesore të qytetit, në atë pjesë që Joni qafohet dhe ledhatohet ritmikisht me gurrickat tipike të bregdetit, telefonata e Drejtuesit të Klubit Jonian, krijuesit dhe poetit me emër në krijimtarinë shqiptare, Bardhyl Maliqit, do të na linte në mes planet. Ishte një rast i vëmendshëm. Kolegu nga Gjermania, Eckehard Pistrick, që lekturon etnomuzikologji në Universitetin Martin-Luther në HalleËittenberg në Gjermani, ishte mes profesoreshës shqiptare, Afërdita Jonuzi, dhe grupit isopolifonik "Jonianët" që drejtohet nga mjeshtri i palodhur Maksi Kule. Dhe a mund të heqësh lehtë nga memorja këtë filozofi të këtij grupi në një nga interpretimet e tij: "Shekujt shëtitën legjendën/porsi mjergull përmbi male" (Grupi polifonik "Jonianët" i Sarandës.) Katerina T. Kule që ndez tryezën duket si metafora e prekshme sfidante e isopolifonisë mes një ritmi tektonik të një xhazbande pranë hotelit me katër yje dhe tërë skutës autoktone që shpërthen si krater me "A zbrazet shpirti nga kënga?". Kolegu

Eckehard Pistrick na afrohet në vesh dhe na shton: "Një dokumentar do të shohë dritën së shpejti. Është pjesë e një kërkimi të tij shkencor. Thesis Title: Migration Songs in Epirus-Multipart Singing and the Construction of Identity and Memory". Dhe më pas diskutojmë e rekim probleme të ndryshme. Kënga dhe protagonistët na pështjellin ndjeshëm.

Natës tjetër në ecje e sipër do të takonim mes miqsh edhe Sinan Ahmetin kryetarin e grupit "Bilbilat E Sarandes", Fitues i Festivalit të IV-T Ndërkombëtar të Polifonisë. Ai na dhuron curriculën e grupit dhe një DVD me titullin "Labia këngë që s'ka të dytë", realizuar në Sarandë në vitin 2009.

Me dhënien e çmimit të parë për grupin "Bilbilat e Sarandës" si dhe për disa nga grupet pjesëmarrëse, ndër 22 grupe polifonike shqiptare dhe të huaja, Festivali i IV-t Ndërkombëtar i Polifonisë që u zhvillua në qytetin antik të Bylisit do të krijonte edhe një mjedis tjetër që duhej shënuar në kurreshtjen tonë 'polifonike'. Sinani na vjen në ndihmë "Rreth 22 grupe folklorike shqiptare dhe të huaja shfaqën për 3 ditë në 3-5 qershor vlerat polifonike, prej të cilave juria vlerësoi me çmimin e parë grupin "Bilbilat e Sarandës". Çmimin e dytë e fitoi grupi i Tiranës "Bashkimi i Shoqatave të Polifonisë" dhe çmimin e tretë, grupi polifonik i Himarës. Dy grupet folklorike greke, i Lunxhërisë dhe i Rejçit u nderuan me medalje bronxi. Pjesëmarrësit vlerësuan shumë eksperiencën dhe atmosferën që ofroi polifonia ato ditë në Bylisin antik".

Krijuesit e Sarandës, shumica janë miq të "Fjala e Lirë".

Por unë i kam lexuar edhe nga revista periodike letrare artistike dhe kulturore "Art Jonian" botim i Klubit të Krijuesve Joniane. Mes krijuesve të Sarandës ishte kënaqësi e dyfishtë. Ishin ata krijues që të 'përkthejnë' qëtësisht medaljonin e artë që natyra i ka falur kësaj ane dhe këtyre zemrave. Janë ata krijues që kanë vendin e tyre të nderit në letrat shqipe. Janë ata që inicuan kohë më parë në Gjirokastër, tri ditë me poetët e Ballkanit.

Janë ata që kanë vec modestisë edhe dijen e strukur në fletë të severgjendta të historisë.

Ishte Nëntori i vitit 2010 në fakt që shënoi jo thjesht tri ditë manifestim të vlerave të përbashkëta dhe të veçanta të poetëve nga rajoni i Ballkanit, por Nëntori që i vuri këta krijues në vendin e nderit dhe të konkurrëncës, jo s'e nuk e kishin më parë, por që ja u dashkan edhe aktivitetet e takime të tilla. Mediat shkruanin "Iniciues është bërë klubi i krijuesve "Joniane" në Sarandë, ndërkohë që mjedisi i veprimtarive integruese ka qenë Gjirokastra. Manifestimi u çel me diskutimin për letërsinë shqipe në kuadrin e asaj ballkanike. Në të u shkëmbyen mendime rreth shqetësimeve që lidhen me njohjen e ndërsjellë jo sa duhet të poezisë ballkanase, me nivelin e përgatitjes profesionale të përkthyesve etj. U tha se kjo vjen edhe nga mungesa e figurave imponuese poetike dhe fondeve fare të pakta të kulturës për këtë qëllim, veçanërisht tek ne në Shqipëri, por edhe për shkak të mendësive të vjetra nacionaliste etj."

Dhe me qetësinë e bashkëbisedimit mësojmë se në këtë eveniment ishin shumë poetë: kosovarë, shqiptaro-maqedonas, boshnjakë, maqedonas, grekë dhe shqiptarë nga emigracioni. Mes të tjerash në këtë takim u prezantuan poetët tanë nga Tirana, Elbasani, Fieri, Rrogozhina, Kuçova, Përmeti, Saranda e Gjirokastra. Në emër të krijuesve sarandjotë, poeti Timo Mërkuri i dhuroi kryetarit të Bashkisë Gjirokastër një statujë të hyjneshës së Butrintit, Dea, ndërsa kryetari i Klubit të Krijuesve "Joniane", Bardhyl Maliqi, në emër të poetëve pjesëmarrës i dorëzoi zotit Bime "Certifikatën e Mirënjohjes".

Ishte koha kur në një prej sallave të hotelit "Çajupi" u prezantua libri poetik "Hirësi përrallore", i poetes, piktores dhe pedagoges së Universitetit të Prishtinës, Miradije Ramiqi. Kjo të bën të hulumtosh më tej. "Diskutimi u përshkua nga qasja mes poetes dhe piktores në tematikë, brendi ideore, mjete shprehëse dhe urëkalime nga piktura në poezi. Poetja Miradije Ramiqi tha se u ndje e befasuar nga niveli i diskutimeve dhe nga dashamirësia e poetëve ndaj saj. Pjesë e manifestimit ishte edhe një vizitë pune në mjediset e reja të kompleksit shkrimor të shtypshkronjës dhe shtëpisë botuese "Argjiro". Manifestimi poetik u mbyll me shpërndarjen e certifikatave përkatëse."

Klubi "Jonian" është themeluar në tetor 2008 me 17 autorë dhe është i njohur nga Gjykata e Tiranës me Nr vendimit. 2406, në datën 06/11/2008. Pas një viti u bashkuan edhe krijues të tjerë nga Saranda që jetojnë në SHBA, Kanada, Australi, Greqi dhe Itali.

Një këshill nga 5 anëtarë menaxhon këtë Klub:

1. Bardhyl Maliqi, Kryetar
2. Irena Gjoni, nënkryetar
3. Zaho Vasili, sekretar
4. Andrea Zarballa, anëtar
5. Pajtim Çaushi, anëtar

Kryetari Bardhyl Maliqi shprehet "vetëm përgjatë periudhës (Tetor 2006 - tetor 2009) ne kemi publikuar rreth 90 tituj të rinj. Ne mund të citojmë këto libra: librat nga **Timo Merkuri, Vangjel Zafiratit, Minella Gjonit, Vangjel Papkristos, Pajtim Çaushit, Odise Gremos, Valter Lazrit, Stefan Martikos, Llambrini Dhimës, Arben Kondit, Miri Dhramit, Alush Avdulit, Nase Janit, Vasillaq Nathanailit, Dionis Qirinxidhit** etj. Dhjetëra prej këtyre botimeve janë analizuar nga miqtë tanë të "Art Jonian" që botohet nga "Milosao"." Në të njëjtën kohë kanë pasur shumë më shumë publikime në antologji të ndryshme, gazeta letrare dhe internet. Kështu që janë veprat e **Bardhyl Maliqit, Irena Gjonit, Timo Mërkurit, Sulejman e Vullnet Matos, Dashamir Malos, Alush Avdulit, Stefan Martikos, Valter Lazrit** etj. Klubi ka ekspozuar 8 ekspozita me piktura. Ne mund të citojmë disa nga këto si: ekspozitat e **Petraq Papës, Lefter Çekos, Gjergji Rrodhes** etj. Pra, ka paraqitur 12 botime të reja dhe debate krijuese për libra të tillë si: "Anatomia e lotit", "Qyteti me diell", "Dite agonie", "Gjuha e zogjve" etj. Ka mbajtur disa përmendore për jetën dhe punën artistike të artistëve të

Sarandës, për shembull projektin për poetin Bilal Xhaferi në Shkollën Ekonomike, për Word Poetic në Degën e Universitetit dhe në veçanti projektin si një kujtim që mbahen për Ditën Ndërkombëtare të Librit për të kujtuar poetin Petraq Dhima. Gjithashtu ka mbajtur disa aktivitete të shumëfishtë si të tillë për diskutim të punës krijuese të artistit Eli Rizo disident, si, këngëtar dhe kompozitor. Është mbajtur diskutimin në gjuhën shqipe dhe në greqisht e librave poetike e Niko Kacalidha dhe Jani Jero. Gjithashtu kanë pasur pjesëmarrje shumë aktive në aktivitetet poetike në Shkup, Tetovë, Korçë, Fier, Lushnjë, Përmet, Gjirokastër etj. Maliqi shton se "Ne kemi mbajtur disa tema për letërsinë shqiptare në universitete të ndryshme.

Klubi Jonian tashmë ka molekulën e vet krijuese në tërë lëminë e nevojshme. I paraqitur në mediat vizive, në mediat e shkruara e në radio ai ka krijuan fizionimë e vet, fizionimi që na ngjizi mes rreth një ore bisede në një tryezë të rrumbullakët...

Normalisht për një krijues që shkel Sarandën, pikëtakim normal mbetet një dëshirë imediate të vizitojë Bibliotekën. Dhe unë e mendova një gjë të tillë. E mendova se doja të dhuroja disa nga botimet e mia. Por ishte e pamundur. Ajo pra, "biblioteka e Sarandës, ishte 'kabriole me kompensatë' po të huazonim Thoma Nikën.

Sipas Thoma Nikas "Një prerje korridori jo më shumë se 50 m2 me material kompensate në katin e tretë të një bashkie të braktisur, prej tre vitesh në Sarandë e quajnë bibliotekë. As tavan nuk ka qenë e mundur t'i vihet kësaj kthine të shëmtuar, faqen e së cilës nuk e ndërron dot as ngarkesa e rafteve nga tituj librash e koleksione periodikësh që datojnë pas vitit të mbrapshtë '97. Ajo është e tipit "kabriole", në fqinjësi me komoditetin sfidues të institucioneve që bashkëjetojnë në një hapësirë me të disa institucione'. Por, kjo ka qenë kohë më parë, tani kjo bibliotekë është reduktim në një mjedis pa hapësirën e duhur dhe pa mundësinë të mbajë librin, qoftë edhe dhuratë. Duke gjurmuar gjetëm sërrish nga Thoma Nika, një arsye me kohën sipas tij "kur digjej Shqipëria". Sipas Nikas, "Për qytetin e vogël të Sarandës kurrsesi nuk mund të quhej modeste biblioteka e para "luftës" vetasgjësuese që nisi në mars 1997. Një ndërtesë me arkitekturë të vjetër, dykatëshe, me dritare të mëdha e ballkon, e ngritur sipas stilit të njohur italian në mes të sheshit të qytetit, atje ku vazhdojnë të takohen të gjitha rrugët që e qarkojnë Sarandën. Ato sërish priten e takohen në atë pikë, por biblioteka, nuk është më aty. Rënia e piramidave, firmave rentiere, zuri nën vete edhe këtë vlerë të pazëvendësueshme të qytetit, e cila nuk po mund të kompensohet e t'iu kthehet qytetarëve në asnjë përqindje, sikurse po ndodh me paratë e kreditorëve. Porta e kërkuar nga qindra njerëz të dhënë pas leximeve, për një titull libri, për koleksionin e gazetave që zinte fill prej vitit 1954, për një vend të rehatshëm leximi, është bërë hi e mbi hirin e saj parkojnë autoveturat. Fondi i ish-bibliotekës së Sarandë prej 100 mijë librash të të gjitha fushave dhe e dhjetëra periodikëve, ka përfunduar në fondin e kujtimeve. Qyteti i mbetur pa asnjërën prej dy kinemave të tij, iu shtua edhe mungesa e bibliotekës."

Dhe nga ky pikëtakim kërkues mes fjalëve dhe faktit të Nikas, vjen shakaja: "Në kohën kur Saranda zhvillohej rrëptësisht e kontrolluar në fushën e ndërtimeve, e vetmja ndërtesë "gjigante" që binte në sy edhe natën që së largu, nga Kanali i Cukës, ishte katërkatëshja, ku ishin instaluar avlëmendët e ndërmarrjes së sixhadeve e qilimave, që kishte përmasat dhe bënte punën e një kombinati, të punës së krahut e të dorës. Ajo binte në sy edhe për ndriçimin e tepruar për kohën, me "farfuri" neonesh në çdo kat e ku punohej deri pas mesnate. Funksionari i lartë lokal i asaj kohe, që shoqëronte një delegacion të huaj në Butrint, duke mos dashur të merrej vesh se ç'ishte në të vërtetë ajo godinë e për t'i rritur "piacën" qytetarisë së qytetit, bëri një "shaka" në përgjigje të kërshërisë së të huajve. "Është biblioteka e qytetit"-u ishte përgjigjur ai, duke i çuditur ndoshta miqtë e huaj, se si qe e mundur që kaq shumë njerëz të binin përmbys mbi libra deri në atë orë të mbrëmjes së vonë.

Pavarësisht shakasë djallëzore, e vërteta është se biblioteka dhe jo kafeneja ishte vendtakimi i preferuar i intelektualëve dhe krijuesve më në zë të brezave, që nga *Llambro Ruci e Niko Kacalidha, Limoz Dizdari e Luiza Xhuvani, Josif Papagjoni e Ymer çiraku, Enver Isufi e Andrea Zarballa* etj." Duke mbetur me Thoma Nikan ne gjejmë edhe arsyen e një transferimi. Dhe ky lljo transferimi duket një lloj të 'ashtuquajture bibliotekë' që i mungon tavani dhe në çast mund t'i ndodh e keqja. Sidoqoftë edhe miqtë krijues sarandiotë shpresojnë se një ditë edhe Saranda do të mendojë për shtëpinë e librit.

Art-organika e poezisë së Agim Matos

1.Abstrakt

Qëllimi i analizës sime është që të karakterizoj strukturën, semantikën, dhe retorikën e simbolit poetik me të cilin vargu i Agim Matos qëmton filozofinë e tij. Në mënyrë që të realizoj këtë, unë së pari do të propozoj një model analitik jo-poetik dhe pastaj do të përshkruaj vargun dhe semantikën e tij si një grup kompleks i devijimeve nga modeli i mëparshëm poetik i vetë autorit. Modeli i tij i cili në mjaft poezi përbëhet nga norma të ndryshme, ose shfaqet mes dispozitave që e rregullojnë ritmin dhe pritjen e mesazhit dhe fabulës, duke aplikuar në nivele të ndryshme të tekstit: rregullat formale (p.sh., mendimi duhet t'i paraprijë perceptimit), rregullat strukturore (p.sh., linjat, lidhjet ndërvargore etj., duhet të jenë të qarta), po aq dhe rregullat semantike, qartëson më së miri në të tre derivatet strukturore, semantike dhe retorike tërësinë e fabulës. Mes kësaj së pari le të shihet lidhja art-organike e kësaj derive që lidhet me të hershmen 'poeti flet art'

2. Në vend të hyrjes

Një material i hershëm studimor i studiuesit Harry Rusche në lidhjen e poezisë me format e tjera të artit na ndriçon lidhjen e enigmës 'poeti flet art', të cilën njerëzimi i artit e ka patur në gjirin e tij që nga koha kur poeti romak Horaci dha idetë e tij të përcaktuara në Ars Poetica-n e tij (shek. 13 p.e.s.), kur thënia e tij 'UT PICTURA poesis' – (siç është piktura, ashtu është poezia) mori dimensionin e saktë. Dhe që nga ajo kohë të dy këto arte kanë qenë disi të 'martuara' në mendjet kritike. Poetët dhe piktorët nganjëherë ktheheshin tek njëri-tjetri për frymëzim, dhe dialogu ka qenë reciprokisht i dobishëm.

Piktorë dhe ilustrues shpesh kanë qenë të frymëzuar nga letërsia, sidomos në shekujt XVIII dhe XIX. Kritiku Richard Altick thotë, për shembull, se vetëm në mes të peridhës së viteve 1760 dhe 1900 kanë ekzistuar rreth 2300 piktura të bazuara në veprat e Shekspirit Altick, 1985: 119). Këto piktura janë vetëm një e pesta e 11.500 pikturave që përdori literatura e Shekspirit. Por ne duhet theksuar se jemi duke folur vetëm për pikturat e bëra në Angli, gjatë këtyre viteve. Një aritmetikë absolute tregon ndikimin e ndjeshëm të mëvonshëm mes autorëve e artistëve. Por kjo është një temë e gjerë dhe e gjatë për të diskutuar mbi marrëdhëniet midis artit dhe letërsisë. Për të evituar stërzgjatjen le të analizojmë ndërlidhjen teorike dhe shkencore në vite.

3. Paraqitja

Në veprën e vet, "Laokonti: Një ese mbi limitet e pikturës dhe poezisë" (Laocoon: An essay upon the limits of painting and poetry) Lesingu (Gotthold Ephraim Lessing) (1887) vinte në dukje nëpërmjet ilustrimeve të papërsëritshme të historisë së artit antik, se 'në qoftë se piktura do të jetë motër e poezisë, le të mos jetë të paktën një motër xheloze; dhe më e vogla mos ta ndalojë motrën më të madhe të stoliset me petkat që ajo vetë nuk mund t'i veshë' (Lesingu, 1887: 23). Në një mënyrë tejet më sublime për të konceptuar këtë marrëdhënie reciproke të shtruar në një rrugë analitike nga Jakup Mato që në vitin 1975, na vjen në ndihmë teoria e studiuesit dhe poetit shqiptar, Zyhdi Dervishi mes simbolikave të artit të cilat i shikon në studimin e tij si 'lente të ndërveprimit simbolik' (Mato, 1975 & Dervishi, 2008). Jakup Mato duke konsideruar poezinë e Dritëro Agollit në studimin e tij thekson se 'në artin e fjalës këto analogji, këto përshkrime janë të pranueshme, se fjala nxit mendime, emocione, ndjenja dhe s'ka qëllim të krijojë një konkretësi shqisore të plotë, adekuate si në veprën e arteve figurative' (Mato, 1975: 110). Një ndalesë duhet parë edhe tek libri

"Estetika, jeta, arti' të Alfred Uçit. Uçi na rikujton përvetësimin artistik të mjedisit njerëzor nëpërmjet kofigurimit, të cilin Dervishi e zhvillon në mënyrë shkencore dhe në një nivel më të përparuar. Ajo që studiuesi Dervishi konsideron në studimin e tij është një fuqi që vjen nga vetë dimensioni filozofik i artit të fjalës.

Ajo që është objekt i këtij studimi është poezia e poetit Agim Mato me lidhjen e saj metafizike. Duke i bërë kësaj poezie të ardhur në kohën e duhur, (dhe e përkujdesur në një itinerar vitesh) si një përshkrim verbal e objektiv i punës së artit, vetë arti i fjalës që poeti Agim Mato na riciton mes vargjeve të tij është forcimi i filozofisë me anë të tablove poetike të sintetizuara, gërshetuar këto me ndërhyrjet e vazhdueshme të nocionit lirik, që bën përgjithësime të rëndësishme. A nuk janë tablo ato pjesë të jetës të cilat poezia e Agim Matos i penelon me artin e fjalës? Ndërsa te poema "Qafa e Botës" është traktati shpirtëror i poetit në vargje, poema që ka jetuar gjatë brenda tij, me shumë rrafshe, shtresa e nënshtresa, si një përfaqësim me atë çfarë është vetë poeti në fakt në të gjitha dimensionet, në poezi të tilla si "Nga kush kishe frikë, o Zot?" veç dimensioneve filozofike kohë, hapësirë dhe vend janë edhe potenciale të tilla të fuqishme perceptuese që ridimensionojnë formën e artit të bukur të fjalës. Poeti na vjen në ndihmë që në hyrjë të poezisë së tij:

"O Zot, si nuk u gjende pranë nesh, në ato dimra të mërive të
 mëdha?
Si nuk u verbove, o Zot, kur pe hetuesit e policët të bastisnin
                    shtëpinë tonë
duke shkelur me këmbë librat e lashta të fisit,
"Lulet e Verës", "Mrrizin e Zanave"
syzet vështrimmprehta të tim eti,
e të shqepnin laboratorin me oxhakun diellor të fotografive,
                    herbariumin e gjelbër të time motre?"
Lidhja është komplekse por e qartë. Poeti e sheh forcën dhe fuqinë e tij shpirtërore në një lidhje filozofike të tejskajshme.

Zoti është filozofia e tij, harresa, mosndërhyrja, pretenca, eksperimenti e mjaft detaje të tjera tejçohen mes elementin të fiksuar në celuloidin e memorjes, 'fotografive' ato pjesë morfologjike të artit që krijojnë pashtershmëri gjuhe në këtë rast.

4. Lidhja 'art-organike'

Ndërsa poetët e hershëm, ashtu siç Horaci na ka diktuar kanë qenë në një 'lidhje' art-organike mes formave piktoreske, poezia e poetit Agim Mato është lidhja art-organike që na vjen sot me një strukturë tejet të plotë e tejet të stilizuar. Një poezi e tillë e ndërtuar me forcën shpirtërore të artit të fjalës për disa dekada, sot ka përparësinë e vet në tregun më cilësor të poezisë, jo thjesht si një material 'tregu', por si një ikonë arti që pret vlerën e duhur. Tek poeti nuk është thjesht mënyra e pasqyrimit të realitetit, në marrëdhëniet e tij me këtë realitet, por zdrugimi i imët i vizives, të pashmes që pikturohet në retinën e memorjen e tij. Dhe kjo art-pikturë e sintaksës më të latuar poetike na sjell art-përfytyrimin e zhvilluar mes vetë ndjesisë së poetit, heshtjes dhe ndërgjegjes së tij në sipare të largëta e të afërta vitesh. Vetë vargu i tij është një lidhje art-organike me perceptimin dhe një hapësirë e thekët mendimi filozofik. "Qafa e Botës" e zbulon fuqishëm këtë:

"Nënëmadhja qeveriste shtëpinë si perëndia mbrojtëse e fisit
dhe fytyra e saj i ngjante një vazoje antike prej balte.
Nga çibuku i saj ngrihej tymi i miteve të lashta.
Si ishte ngjitur ashtu rreptësia
gjer tek gardhi i vetullave që mbulonte puset e syve të saj të
                                        frikshëm?"

"Nënëmadhja, rrëfimtari dhe 'vazoja antike' janë lidhjet më të fuqishme art-organike në këtë ridimensionim të formave të arteve mes fuqisë së artit të fjalës. Më tutje poezia e tij e ardhur nga severgjeni katër dekador na sjell këtë art-organikë tek "Afërdita" duke ritheksuar fuqishëm mes perceptimit lidhjen organike të kohës me moshën e rinisë së poetit, ku çdo gjë funksionon si një normë tejet kuptimplote. Retorika në këtë rast është vetë fuqia e shpërthimit e ardhur me ngjyrimin më të fuqishëm poetik, emocional:

"Nga erdhe papritur në atë verë të largët të rinisë sonë
si një hyjni deti?
Ç'ishte kjo drithërimë
që shkaktonte
kalimi yt
dhe vinte në lëvizje elikat e zemrave tona të njoma?
Dy shokë nga ne u zunë se kujt i takonte karfica jote
                                        e humbur.
Ne ruheshim të mos shkelnim
formën
që linte trupi yt mbi rërë.
Kujt do t'i përkisje?
Zemra e kujt do të shkonte gjer aty
ku ëndrrat
strehojnë pulëbardhat?
Sa të tjerë do të shkelnin të trishtuar mbrëmjeve duke
    dëgjuar
të qeshurën tënde të lumtur?
Deti i së dielës
me trëndafilat e bardhë
të dallgëve.
Ti u hodhe të mblidhje trëndafila dhe harrove të dilje.
Kaq ditë dhe kaq netë pa ty,
Sikur na vodhën papritur
statujën e Afërditës.
Ç'u bënë gjurmët e hapave të tua
që na tregonin të fshehtat e rrugëve të largëta?
Mërmërima e detit
mos ishte zëri yt që vinte i lodhur nga thellësitë
dhe thoshte: "jam këtu,
                jam këtu,

34

jam këtu"...?"
Në tre vargjet e fundit të kësaj shkëputjeje nga origjinale kemi përsëritjen e togfjalëshit "jam këtu"..." me një mbyllje sërrish retorike, duke dhënë kështu tredimensionalitetin e lidhjes art-organike. Vargu me theks fundor "jam këtu" fuqizohet me përsëritjen tre herë të togfjalëshit dhe lexuesi freskon perceptimin e tij mes kësaj përsëritjeje tredimensionale, jo si një formë materiale e tre-dimensionit, por si një retushim qëndrimtar ndaj fateve të ardhura në karakter-botën e poetit. Dhe sërish ne festojmë zellshëm emocionin ngacmues si një mënyrë e faktorit të jashtëm ndikues për të parë interpretimin e botëshpirtit të artistit për këtë subjekt të veçantë të ardhur nga kohështriga dhe për të shijuar atë hapësirë, kohë dhe vend me poezinë e tij si një pamje të brendshme të ndjenjave që nxitën këtë forcë qëndrimtare nga vetë kjo pjesë e lidhjes art-organike të artistit-poet.

5. Shumëdimensioni poetik

Ndryshime të fuqishme shihen në stilin e tij të poezisë që plotëson ndjeshëm aspektet dy dhe tre dimensionale intriguese. Agim Mato prezantimin e poezisë së tij ka marrë përsipër që ta ridimensionojë në një rrugë të hapur, përtej kornizës tradicionale, duke filluar të ngrejë vargun në lidhje organike të ndryshme, të tilla lidhje që perceptohen si stërkala të ndritshme arti, të angazhuara parësisht me lëndën abstrakte dhe tradicionale. "Mbush një grusht me guaska deti" ndoshta është njëra prej dhjetra e dhjetra poezive që e përcaktojnë qartë këtë rrugë të hapur poetike, duke vënë theksin tonik në një alteracion artistik me theksin fundor për të forcuar mesazhin filozofik të fabulës dhe syzhet, me një arsye të qartë art-organike. Duke lexuar vargjet e "Mbush një grusht me guaska deti" filozofia ndërlidhjes organike na percepton fate të ndryshme qëniesh, mes të cilave hyjnë edhe fatet e njeriut. Këto fate që theksohen nga fuqia artistike e dy llojeve të

theksave që përdor poeti na japin një vizion të qartë për pamjen reale dhe mesazhin:
"Mbush një grusht me guaska deti.
Ç'u bënë jetëzat brenda tyre?
Ndiej vetëm tringëllimën boshe tek i trazoj në duar.
Korale të ftohta,
pa vlerë,
që vala i flak orë e çast në breg.
Si Hamleti rri e kundroj
këto kafkëza të vogla,
llogore të braktisura të luftës për ekzistencë.
Dhe sado të lëmuara,
sado fine,
pa atë shkëmbim lëndësh që i lidhte me botën përreth
më ngjajnë tani me skulpturat absurde
që vala e kohës i flak në harresë."
Poeti Agim Mato me poezinë e tij "Ati ynë që zbret në tokë" ndërton anë të dyfishta strukturore dhe semantike që fuqizohen mes dy teorive të filozofisë dhe laicizmit. E para është vetë tehu me të cilin poeti Mato spatializon (hapësiron: këtu krijon hapësirë semantike) funksionin emergjent të fjalës në funksion të një perceptimi me të cilin njeriu dhe qenia e tij sedërton tërë jetësinë dhe përjetësinë në shërbim të vetë praktikës jetike. E dyta është një sprovë disi guximtare që lidhet me atë citim të vetë Lukianit, që mbeti disi si një argument në shekuj. Mes të parës dhe të dytës është ndërlidhja semantike e konceptit. Koncepti si një funksion perceptues mes filozofisë së vargut priret në heshtje të krijojë logjikën e tërë lidhjes 'joklerikale', 'jashtë kontrollit institucional dhe politiko-social të argumentit në shoqërinë njerëzore' por me një pjesëmarrje të ndjeshme në funksionin jetik me të cilin arti i fjalës qëmton deri në labirinth.
Jo më kot Agim Mato përzgjedh Lukianin që stigmon se "mëkatar nuk është ai që hedh poshtë perënditë e turmës, por ai që bashkohet   me mendimin e turmës   për perënditë"

36

(Lukiani, cituar nga Mato). Nga ana tjetër poeti shqiptar pikëtakon filozofinë e Senekës. Seneka shprehet: "Feja është konsideruar nga njerëzit e thjeshtë si e vërtetë, edhe pse e dinë atë si të rreme, por nga sundimtarët të gjetur si të dobishme (Seneka, cituar tek Anthony James Boyle, 1997:56). Dhe më tej në vargun e filozofinë e poetit Mato gjejmë atë që Volteri e shpreh 'Ateizmi është një ves i disa njerëzve të zgjuar' (Volteri, cituar tek Alister McGrath, 2008: 38).

6. Përditësia dhe aspekti metafizik

Është vetë përditësia që në vargun e Matos shtron qetazi aspektin e saj metafizik, ku 'cdo mbrëmje' e ndërlidhur është jo thjesht ana e errët e saj, por metafora me të cilën 'errësira' e vetë tematikës me të cilën dikton arti i fjalës së Matos. Dhe poeti na shtron metafizikën e tij:
"Çdo mbrëmje shkryqëzohem nga Golgotaja
dhe endem pranë bazave ushtarake,
pranë bareve të ndriçuara,
pranë çifteve moderne
dhe të dehurve.
Endem në mijëra Jeruzaleme
duke trokitur në portat e farisenjve,
në portat e monopoleve
dhe të bankave.
Mirëmbrëmani, u them.Dymijë vjet u mundova të
 zbusja për ju
shpirtin e trazuar të popujve.
Dymijë vjet që i shtegëtova kopetë e tyre nëpër rërën
        përvëluese   të shekujve
                                        drejt tokës së premtuar,
duke i mbajtur orë e çast
me erën e thimjamit të shpresës."
Në këtë gjendje të 'errët' përthithja e 'thimjanit të shpresës' është vetë dukuria ateike me të cilën autori gjen forcë të

shtjellojë më tej funksionin emergjent të fjalës në funksion të
një perceptimi më të detajuar:
"Isha bariu i tyre.
I kullosja
nëpër lëndinat biblike të harrimit
dhe në hajate kishash e manastiresh i mërzeja.
Në muzgjet romane e bizantine të kishave
u fola kaq herë për amëshimin në qiej
ku do të ngjiteshin shpirtrat e tyre
të transportuar nga engjujt."

7. Struktura dhe semantika

Struktura dhe semantika e poezisë së Matos është përshkruar
në këtë mënyrë si një grup i qartë art-organik i vargut
metafizik. Ky grup art-organik është një mëvetësi sublime e
botës së brendshme të poetit që vjen si një strukturë semantike
me një risi të re, pra me një figurë retorike në mjaft raste, në të
cilën lexojmë drejtimin e papajtueshëm apo kontradiktor si një
argument i kombinuar, që na jepet si në një sfond me heshtje
shurdhuese por me një optimizëm pikëllues. Kjo është një nga
figurat letrare me në zë me të cilën poezia postmoderne
funksionon, kjo është oksimaroni poetik. "Oksimaroni poetik"
gjendet qartë në vargjet e poezisë "Ati ynë që zbret në tokë":

"Mirëmbrëma, farisenj. E di se tani ju vjen ndot nga
                    firoma ime prej avujsh mbytës
të shpirtërave që vuajnë,
nga eshtrat e mia të mbuluara nga miliarda puthje,
si një masë xhelatinoze,
si një rrobe e neveritëshme e mjerimit
që s'kam si ta xhvesh.
Herë, herë, atje lart, i kryqëzuar,
më duket vetja
si ata shirita të lyer me ngjitës e të varur nëpër lokalet

tuaja

ku venë e ngecin mizat gjatë verës.

Ende ngecin tek unë turma të gënjyerish.

A ju kujtohet koha kur turmat e urritura të skllevlërve

endeshin

në teatrin e pafund të Mesdheut

duke shirë si në një lëm të stërmadh

natë e ditë mitet,

duke plaçkitur tempujt

dhe rendnin duke ngritur pluhurin e hapave të tyre

drejt sheshmejdaneve të luftrave të para klasore?"

Ose më qartë oksimaronin poetik e japin vargjet e së njëjtës poezi më poshtë: "Po ku ta dinin ata se edhe frika,/edhe padija,/ishin prona juaj, farisenj,/dhe unë, perëndia e re/që nisa t'u shërbej?" Duhet theksuar se shembuj të oksimaronit në poezi mund të gjenden tek poetët më të famshëm, duke përfshirë Milton, Donne dhe Tennyson. Përshkrimi i John Milton tek Perëndia në Parajsën e Humbur është një një fakt i kuptueshëm mes pasqyrimit të errët dhe asaj me të ndritshme të tepruar. Po aq edhe 'besimi i pabesë' tek Idilet e Mbretit të Tennyson na jep një shembull të qartë të tematikës me të cilën vjen fabula dhe syzhet i Agim Matos. Më tej është John Donne që thekson: "bollëk o të mjerë, e pasuri e poshtër" tek 'Devocionet në raste emergjente" e mjaft të tjerë.

8. Në vend të mbylljes

Në përfundim ne padyshim duhet të prekim thelbin e preambulës kur poeti "flet art". Me një influencë të madhe në historinë poetike, po aq edhe në kritikën e artit, diametralisht e dukshme në literaturën dramatike, 'Poetika' e Aristotelit, një libër i përkushtuar kryesisht për diskutimin e tragjedisë dhe epikës poetike, ka një lidhje edhe në strukturën dhe simbiozën e vargut të Matos. Vetë poeti Mato shprehet "Më ngazëlleu ajo që thua me të drejtë për simbiozën midis pikturës e poezisë.

39

Unë kam dashur të bëhem piktor, kam konkuruar, kam fituar, por dyert e shkollës së artit m'i mbyllën. Që të vazhdoja të isha piktor më duheshin mjete shtesë, që s'i kisha, dhe poezisë iu futa që të plotësoja atë zbrazti. Gjithmonë e kam menduar veten si një piktor që vizatoj me vargje." Po të shihet në fakt poezia "Piktori", natyrisht kuptohet jo vetëm epika poetike, por edhe 'tragjedia' me të cilën vetë art-fjala poetike e Matos, laton dhe skalit art-pikturën dhe plastikën e saj skulpturore. Ja dhe poezia "Piktori" dhe dëshmia e saj që në hyrje:
"Eja, më tha shoku im piktor,
ç'pret,
nuk i dëgjon zërat e fëmijëve të mbledhur rrotull
pranverës së sapoardhur?
Nuk e ndjen në zemrën tënde
oshëtimën e saj të heshtur,
bubullimat e saj të kaltërta,
ç'pret?..." (Mato, poezia "Piktori").
Ndalesa tek poezia "Në Butrint" nuk është thjesht një arsye në renditje, por një parantesë logjike e spatulës poetike që art-skalitja e Matos e bën të thekun për të kuptuar, 'damarët' që lidhin fatet e mbijetesës historike, ato fate 'mbi gërmadha qytetërimesh' që pena dhe spatula e poetit 'piktor' të art-skalitjes i gjen 'të mbuluara me pyjet e dafinave/si me lavdinë e vet'.
Dhe këtë na e shuguron rikthimi tek poezia "Piktori":
"Ngriti kavaletin,
hapi akuarelet dhe nga peneli rrëshqiti drita e diellit;
ranë mbi letër drurët,
shkëmbinjtë e detit, anijet
dhe më tej qyteti i bardhë me të gjitha dritaret e tij.
Një lëvizje, dy
dhe ja,
pulëbardha rrahu krahët.
Fshap, fshap. Dhe pranvera çapitej..."

Por ndërsa Pranvera çapitej, stinëarti premtues i Matos lulëzonte strukur mes katër stinëve të vitit, aty në një kënd ku vendi dihaste tinguj të vrullshëm, por të sigurtë për këtë ditë. Për këtë ditë kur kiaroskurot janë në ikje dhe vendin ia zënë shenjat e bukura të artit të vërtetë të fjalës. Dhe këtë përlotja e Agim Matos është dëshmia më e mirë mes vargut që flet e flet me vite të tëra përdore.

"*Fundo*" gjuha e artit të miteve

Poeti shqiptar Agim Mato i vendos dukuritë jetike, 'magazinimet' e tij të arta poetike, po aq edhe telajon me të cilën retushon vargun modern, të lirë, pranë shpirtit të tij të mavijosur nga kohërrat, mendimeve dhe gjendjeve shpirtërore të hapësirës që flet dhe që hesht, me të ato vargje me të cilat ato kanë udhëjetë sinonimie. Këtë penelatë artistike të fjalës ai e realizon edhe në vëllimin më të ri poetik "*Fundo*". "*Fundo*" është ai që shtrydh detin "*Jon*", ai që "*Pret të iki nga ky turp*"; ai që peisazhon "*Llogara*"-në; por edhe ai që na sjell në vëmendje "*Socrealizmi*"- dhe më tej deri tek "*Gjithpërfshirje*"-t.

"*Fundo*" është vetë arsyeja e leximit. Arsyeja që në mjaft raste mungon. Këtu të tërheq, të glabëron. Është kështu se vetë fjala, apo arti i saj, kanë këtë funksion. Një funksion që lidhet me vetë leximin e kuptimin e poezisë. E lexova disaherë poezinë tipike "*Fundo*". Pashë atë përfytyrim të bukur me të cilin, kohë më parë është krijuar një poezi rreth të cilës debati lindi për "mitin". Ai "*mit*" rreth të cilit Hegeli iu vërvit në veprën "*Platoni*" gjendet në tre pika tek poezia "Fundo", me të cilin ky vëllim emërzohet. Këto tre pika janë si vijon:
1. Vetë nocioni i foljes së emërzuar *fundo* (nga fundos) krijon një mit. Mit i cili vjen nga vetëndërlidhja e banorëve të tokës me bregun dhe tërësinë e asaj që i lidh si mjete aspektuale të jetikës.

2. Adoleshenca është brishtësia e pasqyrimit. Ajo është "pasqyra" me të cilën ne shohim rrugëtimin tonë të fragmentuar. Kuptojmë të bukurën me syrin e "pasqyrave" të saj.

3. *"Midis pinave të mëdha sa një bojë njeriu"* është mit më vete. Aty njeriu dhe shkencëtari formëzohen deri në mallëngjim.

Pra është një organizim më vete. I lexueshëm dhe i mirëkuptueshëm. Deri në detajin më të thellë filozofik... Organizim i përsosur i artit të fjalës. Tipologjik!

Organizimi tipologjik

Organizimi i lirshëm i bashkëtingëlloreve krijon efekt të ndjeshëm në vargjet e poetit Agim Mato. Një efekt thuajse të hershëm të cilin e gjejmë lehtë tek Poradeci, më saktë tek poezia e tij "**Gjeniu i anijes**". Ndërsa Poradeci mbart edhe ngarkesë shprehëse të llojit imitues: *"Vështroni si shtet sipër valash,/e tundet anija me nge.../...me krismë e me prush prejt stërkalash/mi të shkrepëtiu një rrufe."*, tek poezia e Matos *"Jon"* në disa raste bashkëvepron aliteracioni me asonancën e largët vargore si përfundim i vetë vargut: *"Një hap më tej fillon gjithësia. Pranë meje -/palombarë që ngjiten në qiell,/astronautë që cekin fundin e oqeaneve./Një botë fanepsjesh më rrethon./Ç'rrinte e fjetur brënda meje pë vite me rradhë/çfryn papritur llavën e miteve të përgjumura dhe/vërshon/rrugëve të një Butrinti që shullëhet në zgrip të hapësirave."*

Kështu ky organizim tipik i poetit Agim Mato, është edhe një veçori tjetër e ndërlidhur me figurën e përsëritjes që ka bazë imitimin e ndjesive të natyrës dhe të atyre që lidhësohen me qeniet e gjalla. Ky fenomen është një tipologji poetike e radhë, ndoshta ajo që solli risi në poezinë shqipe kohë më parë, por që tashmë me stilin tipologjik të Matos, na jep një onomatope me karakter shprehës duke sjellë atmosferën me të cilën lidhet kuptimi i pjesë si tek poezia *"Llogara"*: *"dhe mërzejnë në pyjet e pafund të pishave. Mbajnë/ ende një erë thellësirash, algash"*. Lexo me kujdes përsëritjen e ndjesisë (dihamës) së erës që vjen si erë thellësirash dhe si erë algash. Pra vjen në dy përsëritje që sjellin atmosferën. Kështu mund të sillet në vëmendje edhe poezia e Ismail Kadaresë *"Vdekja e Moisi Golemit"* ku kemi përsëritjet zhurmore *'ulurimë, kuje, lemeri'* *"nën kërkëllimë zinxhirësh frymëmarrje luanësh/ulurimë, kuje e lemeri/Gjeneral Moisi..."*.

Tek poeti Mato radha e fjalëve *onomatopeike* nuk është aq e dendur sa në llojin e saj tek Kadareja. Ka një frymëmarrje më të qetë e të qartë dhe nuk vjen si një *prompt* imitimi zërrash, ashtu si në fakt onomatopeja krijohet. Në rastin e Matos, përsëritja mes ndjesive, krijon një lloj zhurme të brendshme dhe lakohet në ndjesinë tënde për të kuptuar gjithshka lidhet me këtë *gjeografi mbidet*, me këtë 'koordinatë' topologjike kohërash, historirash dhe ndjesish...

Parimi organizues

Parimi organizues i grupit të tingujve në poezinë e Agim Matos, sjell jo vetëm anën figurative tingullore, por edhe melosin poetik, aq të dëshiruar në vargun e lirë. Këtë parim që e ndeshim në vëllimin më të ri të poetit, që nga titulli ndjejmë këtë parim në thelbin e tij metaforik. *"Fundo"* i përfjetur në një sfond bojëtipk të qiellët e të ëmbël është mbartësi jo-numerik i poezisë postmoderne, por transmetuesi më tipologjik i vargut të lirë, që flet pak dhe saktë. Hulumtimin e këtij parimi organizues me vargun si njësi poetike, dhe strofën si njësi kompozicionale e gjejmë në një ndërlidhje tektonike, ku çdo strukturë organizohet dhe transmetohet me arkitekturë të veçantë poetike. Nuk janë thjesht figura të përsëritjes. Por ato me të cilat poeti Irlandezo-Britanik Eddie Forde në komunikimin e poezisë së Matos në gjuhën angleze do të shprehej "unë nuk di shumë për Jonin (Detin), por me këtë rast

e ndjej aromën e tij..., kështu më flasin të paktën këto poezi...".
Diku do të na vinte në ndihmë edhe postulati i të madhit T. S.
Eliot: *"unë nuk di shumë rreth zotave, por unë mendoj se lumi
është një kafe e fortë zot-ngrysur, xanxar dhe i vështirë. . ".*
(tek Four Quartets). A nuk lexohet kështu edhe Joni, Deti me
të cilin na lexohet poezia e Matos? Ngjyrimet, jo thjesht
ngjyrat, artikulimet, jo thjesht zhurmat, përsëritjet, jo thjesht
imitimet, e mjaft gjëra të tjera na dedikojnë organizmin
tipologjik të vargut tek vëllimi i ri i Matos. Na ushqejnë mitet.
Më qartë poezia *"Zhurmuesit televizivë"*, duke na dhënë
përsëritje të tilla si "emrat, vendet, kodet, sekretet e nxjerra./
Të vetmet
prova të "paligjëshme..." na jep të plotë jo thjesht përsëritjen
me ndryshim të pjesshëm, por thelbin e organizimit të
mesazhit, ku një lloj asonance flet në qetësinë e saj më të
thellë, dhe dikton në majën e saj më të lartë: *"Qytetin, nga të
gjitha anët, e rrethonin zhurmuesit televizivë/dhe mbushnin me
fasha të zeza ekranet,/si dërrasat që dikur gozhdonin portat e
shtëpive,/për të izoluar të sëmurët/nga epidemia e murtajës."*
Dhe kjo ndodh në një kënd. Në një qyetet. Në një qytet me det.
Në një det me halle. Në një breg të tij ku hallet përfundojnë në
hekura. Pas hekurave një 'mjeshtër riparimi televizorësh". Dhe
më tej përmbysja e shtëpisë 'për të gjetur radiot' ato mjete të
pashpirta, që hëngrën shpirtra të pafajshmish, vetëm sepse
dëshironin asonancën poetike të jetës, të cilën Mato e
tipologjizon me mjeshtrinë dhe stilin e tij.
Mato na sjell kohërat në vëmendje, por i bën ato të jetojnë
gjatë në ndjesi. Në ndjesi poetike e jetike, përpos vetë mitit. Në
ndjesi që shkojnë larg e jetojnë gjatë, duke u vetëbërë mite.

Duke lexuar tipologjinë e Zarballës

Poezinë e poetit Andrea Zarballa e lexojmë në majën e pjekurisë. Një majë pjekurie që vjen mes tre formave më të goditura të artit të fjalës. Tre forma që fillojnë me vargun, organizmin e veçantë të vargut (jo organizimin) dhe fjalën si veçoria më e gjetur në këtë art. Në të tre këto forma prezantohet më saktë poezia e poetit Zarballa. Ky prezantim nis me vetë strukturën e pranuar analitike që zë fillesë në këtë tridimension. Për shumë poetë kjo duket e lehtë, ndërsa për disa që kombinojnë format poetike të 'rrjeteve sociale' me ato të 'fituara gjetkë' si njohuri formative akoma më e lehtë, teksa në siparin e poezive të Zarballës ndjejmë të themi se 'kjo është një detyrë e frikshme për shumë njerëz' më së shumti kur tentojmë tu japim studentëve një sërë hapash mes kësaj organike të mistershme, shpesh shërben për të aktivizuar tërë instancën tonë me të përqëndruarit tek të menduarit. E gjitha kjo mund të lehtëkuptohet, ose lehtëzgjidhet në këndin e sotëm teorik mes dy teorive bazike (të thjeshta) akronime që reprezantojnë hapat analitikë të vargut dhe artit të fjalës. Ato janë të ashtuquajturat "SOAPStone" (Analiza e butë tekstuale) dhe "TPCASST" (Analiza tekstualo-teorike e tekstit në mjedisin poetiko-familjar). Për të lexuar dhe treguar dimensionin e vërtetë të poezisë së Zarballës unë do të sjell dhe do të preferoj të dy. Por më parë se të analizoj këtë ndërmarje le të shpjegoj shkurt se çfarë janë këta dy teori analitike të tekstit.
"SOAPStone" (Analiza e butë tekstuale) ka të bëjë në fakt me shumë anësi që forcohen dhe formëzohen nga prania e domosdoshme e disa pyetjeve. Në këtë rast po sjell një shembull. Po mar poezinë e Zarballës "Lavdia". Autori shkruan "Të henën ngjeshi në kokë një kurrorë dafine,/të martën mbushi xhepat si kacek me gjethe dafine,/të mërkurën

shkuli një pemë të tërë dafine dhe e/hodhi supeve,/të enjten u pajtua rojtar në pyllin e dafinave,/të premten la testement të presin gjithë pyjet e dafinave/e t'ia hedhin mbi varr./Të shtunën e zunë një palë djerse të ftohta, pa fund./Të dielën iku i palavdishëm." Poeti na sjell (mos)prezencën e frymorit si një mishërim i termit "Lavdia". Vetë mishërimi i saj lidhet me njeriun, me atë lidhje që sedërton aestetikën e kuptimit të saj. Pra, edhe pse nuk është 'kryefjala' për një njeri, ajo është prapë 'kryefjala' për njeriun. Dhe lexuesi mëson mes pyetjeve të tilla si: Kush është kryemesazhi? Zëri që po flet. Identifikimi i personit historik (ose grupi i njerëzve) i cili krijon burim primar. Çfarë ne dimë rreth këtij personi historik apo bashkëkohor? Çfarë roli do të luajë ai në një lidhje të tillë historike? Çfarë është momenti dhe si e solli rasti që lexojmë këtë rast poetik? Çfarë është koha dhe vendi? Konteksti në të cilin burimi kryesor u krijua? Çfarë është ndërprerje gjeografike dhe historike në të cilën ky burim është prodhuar? Kush është Audienca? (Lexuesit për të cilin ky dokument është drejtuar.)

Duhet thënë se në poezinë e Zarballës, në përgjithësi kjo, publiku mund të jetë një person, një grup i vogël, apo një grup i madh, por mund të jetë një person i caktuar apo një popull i caktuar.

Kështu në këtë poezi të tillë edhe pyetjet që lidhen me "TPCASST" (Analiza tekstualo-teorike e tekstit në mjedisin poetiko-familjar) si Cili është qëllimi? Cila është arsyeja prapa tekstit? Pse ishte e shkruar? Çfarë qëllimi kishte autori në mendje? Çfarë është Subjekti?

Çfarë është temë e përgjithshme, përmbajtje, ose ide të përfshira në tekst? Dhe natyrshëm këto të përmbledhura në disa fjalë apo fraza si vetë shembulli i lartcituar i poezisë "Lavdia".

Më tej janë disa pyetje të tjera që lidhen me tonin, qëndrimin e shprehur, zgjedhjen e fjalëve, emocionet e shprehura, imazhet që përdoren për të përcaktuar qëndrimin e folësit etj. Në një lexim të ndërmjetësuar të këtyre dy teorive poezia e poetit Zarballa është një strukturë që plotëson, jo thjesht për të lexuar, por edhe për të komunikuar më tej në një sfond më të gjerë poetik. Është një strukturë poetike fine që për lehtësi mund të rishtrohet mes disa hapave poetiko-analizues.

Titulli: Duke mbetur sërrish tek poezia si shembull, të shohim titullin: Mendoni në lidhje me kuptimin e titullit përpara se ta keni lexuar poemën dhe do të shikoni se ç'mesazh qartëson ajo.

Parafrazimi: ritransmetoheni poezinë e lartcituar me fjalët tuaja.

Konotacioni: ndjeni atë që thotë vetë poezia përtej perifrazimit duke gjetur të gjitha aspektet poetike të tilla si aliteracioni, onomatopetë, ritmin, rimën, metaforën, personifikimin, simbolizmin diksion, pikën e parë referuese, etj.

Qëndrimi - Cili është toni i folësit? Çfarë është toni i poetit? (nuk janë të dy të njëjtë.)

Mosndryshimi tonal: Pika nga ndryshimet në të cilat është folur për "lavdinë' apo është kuptuar në intonacion.

Procedimi nëpër këto hapa leximi dhe analizimi të poezisë së Andrea Zarballës, nga fillimi në fund, na jep mundësi të kuptojmë në thelb poezinë e tij në përgjithësi, por edhe të kuptojmë ushqesën e saj shumëdimensionale dhe jetike të vargut. Më saktë ndjejmë atë që poeti dhe botuesi i mirrënjohur i letrave shqipe Agim Mato kur shprehet: "Më shumë se 40 vjet që njihem dhe këmbej me Andrean, poezitë, dhimbjet, gëzimet dhe kafen e mëngjesit, siç them në një poezi për të. Nisur nga kjo, i paralajmëroj të gjithë se nuk mund të kërkojnë nga unë një gjykim të ftohtë e të rreptë për atë mrekulli të produktit të tij poetik. Shikojeni me vëmendje se si çdo poezi është një organizëm më vete, një enë e plotëruar ku ai derdh në masën që duhet, në përzjerjen që duhet lëndën e shpirtit të vet. Duhet pirë ngadalë ky balsam, siç e pinë nektarin perënditë në Olimp. Ky ferment i filozofisë, i ndjesisë, i dashurisë, i mbledhur e i filtruar pikë, pikë, në heshtje, është një pasuri shpirtërore e morale e një njeriu me vyrtyte, siç është Andrea Zarballa, me aftësinë për ta kthyer këtë vyrtyt në vlerë të të gjithëve."

'Tjetri', leximi i ftohtë dhe emocionet poetike

Duke lexuar krijimtarinë e poetit Bardhyl Maliqi

Të lexosh mendjen e dikujt, ashtu siç njihet me termin 'telepati', ka një histori të gjatë. Vjen nga legjenda do të shprehej DeLuze. Pra, kjo lloj 'të lexuari' të mendjes së 'Tjetrit' është po aq edhe 'legjendare', sipas Martin Heidegger. Me një gjuhë do të ishin edhe Frojdi në një farë mënyre, po ashtu edhe Young and Foucault. Ata do të shtonin se leximi është një lloj ekspresioni, ndërsa pikturimi i këtij grumbullimi në mendje dhe në dije është forma artistike me të cilën skalitet dhe prezantohet arti i fjalës. Por, nga gjithë kjo filozofi me të cilën 'lexohet mendja e Tjetrit' ajo që i mirënjohuri i poezisë britanike, William Wordsworth, na dikton mbetet në thelb tek Poezia, tek arti i saj, tek komunikimi i saj me lexuesin nëpërmjet këtij grumbullimi artistik.

NgaWordsworth mësohet se "Poezia është shpërthimi spontan që del nga shtrati i ndjenjave të fuqishme kur ajo merr origjinën e saj nga emocioni i rigrumbulluar në qetësi". Në rrugëtimin e letrave shqipe kështu përputhet edhe mendimi i Ali Asllanit, tek *'Hanko Halla'*, e shoqëruar me vjershat *'Dasma shqiptare'* dhe *'Vajza shqiptare'*. Gjergj Fishta tek *'Mrizi i Zanave'* komentuar nga A. Viktor Volaj, ku gjejmë shprehjen 'shumë fjalëve të radha u ka dhënë kuptimet e tyre, i ka kthjelluar mirë shumë ngjarje historike në lidhje me protagonistët e lirikave... dhe shumë vargje të errëta i ka treguar në prozë', na tejçon me lartimin e kuptimit të leximit të 'Tjetrit'.

'Tjetri' është jo-aritmetik. 'Tjetri' është vetë kompleksi i gjërave me të cilën vepron fjala poetike për të sendërtuar anën artistike që ajo të flasë në kohë, vend dhe hapësirë. A nuk bën kështu poeti shqiptar, Bardhyl Maliqi, me poemën e tij *"Ankthi i statujave"*? Statujat e Maliqit janë të ftohta, dhe leximi 'i ftohtë' i tyre, na sjell atë kuptim të cilin ne e ndjejmë enkas si një pikëtakim me historinë, me vetë mjetin artistik të konfigurimit me të cilën vetë autori gërmon historinë. 'Tjetri', këtu është Butrinti, është tërësia jo-aritmetike e gjërave. Është vetë gjeografia, dëshmia, e prekshmja, morali, jeta, e qëndrueshmja, autoktonja, e lëvizshmja, pra një tërësi e pafund që bredh në histori dhe kërkon shtrat në gjeografinë e trazuar të viteve. Poemën e ndeshim në fakt si një nyjë për vetë argumentin tonë ku fjala 'Butrint', pra vetë ndërlidhja metafizike e gjërave vihet në një shtrat që hulumton dhe flet: *"Amfiteatër i lashtë me tragjedi të reja,/Me brenga të përgjakshme/Të mbetura nga rropatjet, ankthet dhe harrimet./Prek gurët e tu e toka dridhet,/Prek mozaikët dhe zgjohen agimet,/Prek shkallaret dhe rënkojnë perëndimet."*

Dhe ky është leximi i ftohtë. Leximi i ftohtë është në fakt një grup i teknikave të zhvilluara nga autori, për të dhënë pamjen e lexuar prej tij në mendjen e dikujt. Në këtë rast poeti bën rileximin e 'statujave'. Në fakt se çfarë është vetë lexuesi duke lexuar janë sinjale që përputhen me vetë subjektet në mendjen e tij. Mes kësaj poezie vetë mendjet e lexuesve, të cilëve poeti u drejtohet, janë pjesë e një subndjenjësie, mes së cilës vetë ata janë duke lexuar, janë duke kuptuar, por edhe duke shtuar paksa me njohuritë e tyre. Në këtë lloj poeme pak a shumë mjaft lexues janë autorë herë të lexuar në mendjet e tyre, e herë lexues e vetëlexues të mendjes së 'Tjetrit'. Në këtë rast poema edhe pas këtij fenomeni mbetet e hapur, mbetet e gatshme të prodhojë mesazhe të reja, të nevojshme për brezat dhe kohërat. Poema si e tillë lexohet e ftohtë, por prodhon emocione të 'zjarrta' teksa poeti vazhdon: *"Butrint,/Shtegëtojnë statujat e tua Evropës,/Dhe nëpër gishtat e mi kalërojnë stuhitë,/Për riatdhesimin e statujave/Avionëve "Çarter"/Nata bëhet ditë!/Koka e Zeusit mendon s'di se çfarë,/Mendon s'di se ku./Ajo ka vite larguar/Mbase në Athinë, Romë, Stamboll, Londër, Nju Jork/Aty ku vlerësohet arti/I kokave të mermerta apo/I kokave të rrokullisura në shportë!/Të paktën koka e Ali Pashës dhe koka e Zeusit/Këtë thotë…"*.

Por në qoftë se ju dëshironi të kuptoni më thellë dhe më gjerë kuptimin e 'leximit të ftohtë' apo edhe atë me lidhjen filozofike të leximit 'të Tjetrit' lexoni poezinë e Maliqit, mbyllni sytë tuaj dhe do të rishihni se si flasin vargje të tilla: *"Ah statujat, heronjtë dhe perënditë,/Perënditë me fytyrat tona njerëzore,/Me hiret dhe marrëzitë,/Me luftrat dhe dashuritë/U mbuluan nën pluhura gërmadhash dhe dherat e harrimit,/Dhe heshtën gjatë në baltën e moskthimit,/U zvarritën shekujve me mundim e përtesë/Dhe nga thellësitë kërkonin ndihmë,/Andej nga i kishin zhytur stuhitë/Për t'u mbyllur gojën,/Për të groposur historitë/Nën rrënojat e mijëvjeçarëve/Për të folur për ndërtime helenike dhe romake/Duke harruar mijra vjet parahistori/Të mureve qikllopikë të pellazgëve,/Stërgjyshërve tanë,/Të shqiptarëve!"*

Dhe pas leximit të këtyre vargjeve natyrshëm pas mbylljes së syve, ju keni riparë dhe rilexuar në mendjen tuaj ose më saktë ju keni bërë të mundur që gjithkush 'të dëgjojë atë që jeni duke menduar". Kjo është shumë larg atyre trukeve të magjishme me të cilët emra televizivë, apo të fushës së hipnotizimit prezantohen, madje shumë larg vetë magjisë britanike të Derren Broën, sepse është art poetik, dhe si i tillë flet dhe trajtohet me artin e fjalës, më artin e bukur të saj.

Bardhyl Maliqi e shpreh qartë këtë art tek *"Ankthi i statujave"*, por edhe tek mjaft krijime të tij. Ndërsa tek *"Ankthi i statujave"*, poeti e shtrin leximin e ftohtë tek dëshmia: *"Ja Porta e Luanit,/Baptisteri,/Bazilika,/Pusi i Nuseve,/Mozaikët,/Faltorja antike,/Pagëzorja pak më tutje/Dhe banjat termale publike…/Kodrina pagane e Shendellisë pak më tej/Ku përgatitin suvenire artistike/Martat dhe Mrikat/Dhe vajzat e gjimnazeve,/Ciceronet e reja/Shëtisin vizitorët e shumtë nën kaçurelat e gjelbra/Të pemëve të një bimësie*

51

gjigande./Turistët hapin sytë të habitur/Dhe ëndërrojnë për harbimin e statujave/Në shirat e shkurtit/Apo vapën e korrikut", udhëtimi i tij në skutat e historisë mbetet një dëshmi e gjallë për të gjitha kohërat. Këtë e bën edhe tek fundi i kësaj poeme që flet qartë teksa thekson: "*Dhe sa?!/Statuja s'ka moshë,/Nuk kërruset e thinjet shtatëhedhura lashtësi,/Ndaj ankthi i tyre ngelet veç/Në letrat e mia të bardha!*"

Bardhyl Maliqi nuk është një poet emocional. Ai pikërisht emocionet e tij i kthen në lexime '*të ftohta*' në poezi. Ajo që T.S.Eliot shpreh është një domsdoshmëri për të rilexuar Maliqin në këtë kontekst. Eliot shprehet se "Poezia nuk është një kthesë e lirshme e emocioneve, por një arratisje nga emocioni; ajo nuk është shprehje e personalitetit, por një arratisje nga personaliteti. Por, natyrisht, vetëm ata që kanë personalitet dhe emocione e dinë se çfarë do të thotë të duan të shpëtojnë nga këto gjëra."

Përtej aspektualitetit të skicës së Edmond Llaçit

Hyrje

Leximin e Edmond Llaçit mund ta quajmë ndryshe lexim 'të shkurtër'. Jo se ai vjen mes zhanrit të prozës së shkurtër. Jo se ai vjen për lexuesin në formën e skicave. Jo. Çdo skicë e tij është një tregim më vete, një novelë, e hera-herës flet më shumë se një roman. Çelësi?! Leximi i detyruar. Kjo mes fjalës së tij tipike. Më saktë: Lexim i dobishëm mes fjalëve të zgjuara e të përzgjedhura. Lexim që vjen nga hapësira me të cilën vetë fjala është mbajtur, 'stërvitur', gatuar dhe paraqitur për tu lexuar. Është kjo fjalë që vjen shpeshherë për lexuesin mes skicave. Skica që kanë emrin dhe talentin e hershëm të Edmond Llaçit. Skica që flasin, njësojnë dhe diktojnë kulturë, identitet, harmoni mes vlerave. Në këtë analizë do të ndalem pikërisht tek ky lexim që sjell vite në sinkron, jetëza, porosi dhe portrete. Duke krijuar harmoninë e leximit së pari do të paraqes atë veçori që autori na e sjell mes prozës së shkurtër. Së dyti skica në daltën e autorit që tejkalon sprovën. Dhe së fundi në detajet që kjo harmoni e skicave të shkrimtarit na citohet si arsyeja e leximit tërheqës.

Aspektualiteti si veçori tipike e skicës

Le të ndjekim skicën e shkrimtarit Edmond Llaçi, *"Të çmendurit"*. Fillon me pasthirmat apo 'zhurmërrimat' që na kërcëllejnë në shpirt. Janë këto zhurmërrima timbruese, grishëse, lajmëtare të së keqes vrastare. Dhe lexuesi ndihet i tëri teksa lexon: "Bym, bym, kërrr...". por edhe pse e gjitha është sipas stilit të autorit "Përtej ekranit televiziv që qëndronte i varur në mur, filluan të dilnin të shtëna arme." Ato përsëri nuk shpëtojnë lidhjen me realitetin në të cilin autori kurdis dhe rilexon mes të dhënave faktin e çmendurisë "Ato bënin rikoshet nëpër muret e salles dhe përplaseshin në timpanin e dëgjimit të njeriut të vetëm që ndodhej ne sallën me tavolina e karrike bosh...." Kështu aspektualiteti tregues sapo është dhënë dhe ai pra njeriu që ndodhet në skutën e treguesit diktohet në këtë aspektualitet si një lëvizje metafizike e detyruar: "Nervi i syrit të majtë të tij, zbriti me shpejtësi dhe mbaroi poshtë nofullës."

Në leximin e skicës *"Porosia"* aspektualiteti vjen tërësisht emocional. Ai gatuhet nën avuj të nxehtë ndërgjegjeje që citohet nga gota e verës dhe 'të brendshmet femërore' që krasisin vegimin mashkullor. Dhe autori na jep këtë aspektualitet të shkyçur që në fillimin e skicës duke na diktuar me qetësinë më të grishtë emocionale se ai, pra karakteri i tij "U mundua t'i kapte reagimin tek sihte të rrëshqiste nën shikimin e tij trekëndëshi i bardhë i të brendëshmeve të saja. Duke buzëqeshur ajo i puqi kofshët me njera tjetrën dhe u ul në kolltukun e vendosur disi larg tavolinës së shtruar për të ngrënë.Ai po përpiqej t'i shmangej duke drejtuar shikimin nga puna që kishte filluar të bënte në një nga faqet e sallonit të madh. Me elegancë ashtu siç mbante pinelin , ai kapi gotën e mbushur me verë. E drejtoi nga ajo, e çukiti me të duke i dhuruar edhe një buzëqeshje të lehtë..." Por, nëse në këtë rast karakteri i shkrimtarit bëhet një palë udhëtuese e emocioneve të 'kundërshtisë' të asaj pjese me të cilin aspektualiteti gatuan lidhjen, zgjidhja është një determinim psikoanalitik i faktorit mashkull-femër, jo thjesht seks për seks, por si një metaforë jete në tërë lidhjen e saj metafizike.

Kështu skica tjetër *"Jetëz"* është një këndtipologji tjetër fjalëzgjedhëse, ku faktori njeri është një kokrizë mes diellnajës së jetës. Është Dielli ai që kapërcen dhe hyn, është prau që shënohet në kohë, hapësirë dhe vend, është pastaj kjo mënyrë që na jep aspektualitein e duhur: "Dielli ndodhej në çastin e kapërcimit të vijës së horizontit, midis qiellit dhe detit. Një pjesë nga rrezet e tij të fundit me shpejtësinë e shkeljes së butonit "i burgosa" në kutinë magjike dixhitale.

Nuk kaloi shumë dhe kudo në të gjithë qytetin, si në një ekran të madh, përpara syrit tim, filluan te ndizeshin dritat kudo. Si në ato pjesët muzikore që ekzekutohen me orkestracione të mëdha, atë buzë mbrëmje harmonie, me logjikën e çastit, ndjeva se isha unë që po i ndizja ato.Atje tek po shkelja tastierat e pianofortës imagjinare dhe duke i dhënë çdo instrumentisti çastin e tij, dritat si në një pentagram pa kufizime vizash, filluan lojën e tyre muzikore. Një lojë që zgjati pak çaste, por tepër impresive. Me shkeljen e tastierës së fundit të pianofortës i dhashë dritë edhe ambientit ku unë ndodhesha. Ndjesia e atij çasti u shoqërua me atmosferën që u krijua nga ndriçimet e fshehta që ndodheshin në atë mbulesë masive gjethesh. Nuk e mora as edhe një herë inisiativën për të pyetur se si quhej ajo bime interesante. Duke qeshur në brendësinë time, mendova se lojën e ekzistencës dhe mos egzistencës midis kopshtarit dhe asaj bime e luante po ajo. Ne çastet e lëvizjes së lirë të saj, kur kopshtari ja mohonte duke ia prerë ato me një gërshërë me doreza në ngjyrë te kuqe, ajo, me shpejtësi, ne krahun tjetër, i kundërpërgjigjej duke nxjerë në jetë motrën e saj binjake. Nuk e di se sa do të ketë vazhduar ajo luftë. Besoj se kopshtari do të jetë dorëzuar i pari. Ai zëvendësimi i pafund i dha fund përpjekjeve të tij, deri sa e kuptoni se çfarë ndodhi. Ky çast i bukur ku unë po përpiqem ta shijoj."

Ndërsa aspektualiteti është një lloj tipologjie e skicës së autorit, natyrshëm mjaft skica të tjera të tij kanë shumëdimensionin e artistit në brendinë e tyre. Fjala me të cilën ato ndërtohen, ngrihen e flasin i ngjajnë një strukture të hapur, që gjithmonë të përpin në lexim e sipër. Kështu funksionojnë mjaft skica. Ajo më tipikja që përmbyll këtë aspektualitet është skica *Portreti*. Në këtë skicë autori udhëton imagjinatën e kujtesën njëkohësisht në vite pas. Hyn në labirinthet e kujtesës për të na diktuar një aspektualitet kohe dhe jete në të njëjtin temp. Ai na ristrukturon me fjalë të thjeshta dhe flet qartë "Atë vit shkollor, në klasë kisha zënë vend në rrjeshtin e mesit, në bangon e parafundit, nga e djathta. Kishim matematikë. Mendimi më kishte fluturuar jashtë klase. S'mbaj mend se ç'më ishte shfaqur para syve, por nëpër mjergull, mund të kujtoj disa copëza...pyll i dendur me pemë të larta,lëvizje ritmike e degëve, e gjetheve, e trupave drunorë. Lëvizje e disa trupave të paqartë që afroheshin drejt ekranit të syrit tim, nën ritmin e fyellit e të flautit. Ishin trupa femërorë e jo drunorë. Më erdhi për të qeshur për rimimin pa dashur femëror e jo drunor. Po, vërtet ishin trupa femërorë që vazhdonin të lëviznin ritmikisht para syve të mi. Trupa femërorë të ajthëm, që nën rritmin e lëvizjeve të tyre, përbrenda fustaneve të tejdukshëm zbulonin plot hir pjesëza epshndjellese. M'u kujtua tablloja e piktorit të rilindjes italiane Botiçelit, "La primavera." I u afrova më pranë vegimit-tabllo dhe, ashtu i turbulluar siç isha, e kapërxeva realen dhe rash në irealen. U ndodha mes tyre. Ashtu i turbulluar mes tyre, mundohesha të largoja atë mjergull, atë tis që më pengonte të shihja, fytyrat e atyre trupave femërorë që po më qarkonin..."

Duke konkluduar me aspektualitetin si veçori tipike e skicës së Edmond Llaçit, me sa cituam më lart, duket qartë se fjla me të cilën vjen skica e këtij krijuesi është ajo që përcakton kohë, hapësirë dhe vend për të ridimensionuar artistikisht vlerat e leximit.

Skica në 'daltën' e autorit

Skica si art më vete vjen në forma të ndryshme. Lexuesi dhe krijuesi e njohin me gjuhë të njëjtë, por e dimensionojnë mes tyre me perceptime të ndryshme arti. Kështu 'dalta' apo 'pena e autorit' është ajo që nënshkruan fatin e një skice në artin e saj. me këtë rast ajo është shtrydhja e njohurive të një krijuesi piktor, që flet në gjuhën e shkruar. Është spatulla dhe dalta e tij

56

e padukshme që strukturon tërë kompleksin e saj sintaksor. Dhe në këtë strukturë janë elementët që plotësojnë dhe skalisin formën dhe pamjen artistike të saj. skica e Edmond Llaçit, është një çupëlinë e brishtë joniane, e sharmuar mes valëve të kaltra të Detit dhe jetës, duke u pasqyruar krehshëm në sopate e monopate të pashkelura e të traditës së bukur. Është e qetë. Nusëron dhe na diktohet e pastër. Gjuhëkthjellët. Racionale. Tërheqëse. 'Aromatike' dhe me shije. Pra një meze në tryezën e një lexuesi sqim. Një arsye më shumë për të mrekulluar lexuesin dhe vetë mjetin që e shtron atë në këtë tryezë. Sakaq skica të tilla si *"Fluturim magjik"*; *"Lustraxhiu dhe trumcaku"*; *"Përtej dashurisë"*; *"Hetuesi"* etj., flasin me një gjuhë të qartë, ku vetë simbolika, figurat e tjera janë çelësa magjikë në shkurtesën normative të leximit. Tek njëra nga këto skica vetë fjalia është modeli i kësaj mjeshtërie: "U shfaq ai. Ia trembi pulëbardhat duke përplasur këmbët në shkallët e hekurta tek po hypte në verandë, ashtu si dikur zbriste në birrucat e nëndheshme tek "ata", armiqtë e popullit. Si mund t'i lejonte "ai", këta shpendë të fluturonin lirshëm dhe të kërkonin ushqimin e jetës së tyre?! Si mund ta jetonin lirinë e tyre këta shpendë të bardhë si mëngjesi, kur bëheshin pre e armikut të klasës?!"
Le të mjaftohemi me këtë retorikë të sqimtë dhe këtë filozofi të fjalisë së goditur për të cituar edhe një herë daltën mjeshtërore të autorit.

Leximi tërheqës

Për kënaqësinë e vetë leximit ju afroj që në fillim një fragment nga "Lustraxhiu dhe trumcaku". Shijimi i këtij leximi na dikton forcën e artit që vjen mes fjalës së artistit. Ja si shkruan ai: "Duke i dhënë një shtytje të lehtë përpara, trupit të vet, me ato këmbët e tij të vogla , trumcaku u shkëput nga dega e pemës dhe u ul mbi qeskën e plasmasit të mbushur me fara lulediellit. Ai nuk shpëtoi pa u vënë re nga llustraxhiu tek po rrinte e ngrohej në diell. Me bisht të syrit ai vuri re trumcakun të tundte kokën dhe të hidhte shikimin e mprehtë gjithandej. Pas një stepjeje të vogël filloi çukitjet e tij të shpeshta dhe nxjerrjen e lëvozhgës të asaj fare të zezë nga jashtë dhe të bardhë nga brenda. I mbështetur për muri siç ishte i ulur në stol, llustraxhiu vuri re shikimin e pa lexueshëm të atij shpendi të imët. Për herë të parë po e ndjente praninë e tij kaq afër. Cicërimën e tij e njihte prej kohësh. Ajo e shoqëronte që herët në mëngjes kur hapte mjetet e tij të punës nga një valixhe e drunjtë dhe trokiste furçën në të për të thirrur myshterinjtë. Cicërima i përgjigjej gjithë dhe mbarote në të errur tek mblidhej me zogjtë e tjerë për të kaluat natën në kurorat e pemëve. Atje tek përballoi shikimin me të, llustraxhiu ndjeu të dëgjonte fjalosjen e tij të çuditshme, e cila, për njerëzit, ishte veçse thirrje e shkurtër dy a tre rrokshe e pa deshifrueshme por me intonacione muzikore të mrekullueshme. Në atë ças ndjeu buzëqeshjen dhe zërin e atij fluturaku..."

Në këto fjali ndërhyrja do të ishte 'mëkati' më i madh i sakatimit. Çdo fjalë, çdo fjali e kësaj skice meshon art.

Në vend të mbyljes edhe pak njohje

Shkrimtari, Edmond Llaçi, është nga fisi i atentatorit Vasil Llaçi, nga Piqerasi. Po kjo nuk pengoi që i ati, një ish i internuar në kampet e përqëndrimit nazist të arrestohej për agjitacion e propagandë dhe të ndërpriste ëndrrën e Emondit të ri për t'u bërë piktor. Atë e ka trishtuar fakti se nuk e linin të vendoste pikturat e tij në ekspozitat e e arteve figurative për shkak të biografisë. Mondi në rini kishte shumë pasione. Ai arratisej për ditë të tëra nëpër shpellat karstike të jugut, duke u bërë kështu, së bashku me mikun e tij të fëmijërisë, Sofokli Liti pionerë të speliologjisë shqiptare. Ka botuar artikuj, skica dhe foto, si dhe objekte të jetës prehistorike në shpella, të cilat janë dokumente interesante në këtë fushë. Ka gati për shtyp një libër të posaçëm me këtë temë. Skicat letrare të tij janë rezultat i aftësisë për të zbuluar jo vetëm brëndësinë e shpellave por edhe të karaktereve njerëzorë. Kështu është detyrë e çdo lexuesi të gjej e të shumëdimensionoj skicën dhe tërë krijimtarinë e krijuesit shumëdimensional, Edmond Lllaçi.

Metafora dekorative e poezisë së Irena Gjonit

Në kuptimin figurativ të fjalës 'shtojzovalle' përdorimi i Fjalorit të Oksfordit Shqip- Anglisht na sjell ndërmned 'vajzë e bukur'. Në kuptimin parësor na citon 'hyjni' ose 'peri'. Vargu i poetes Irena Gjoni vjen si sinonim mes këtyre fjalëve. Vjen e tillë vetë poezia e saj që na udhëton ndjeshëm me 'shtojzovallet' nëpër imagjinata tejet domethënse, duke na sjell tre fjalë në një: me veprim, Madhështi dhe traditë. Poezia citon me perceptimin e saj: 'Shtoi Zot Vallet'. Dhe ne, lexuesit e kësaj triambule fine sitim majanë që prodhon një filozofi të thukme. Është veprimi lutës, që del nga shpirtpoetika e qashtër, është Madhështia që vjen nga Fuqia dhe Njohuria (Zoti) dhe është vallja, gëzimi, harreja, motivi, lëvizja e gëzuar trupore që formëzon të tërën e ndërlidhur me bukurinë, hyjnoren e pse jo edhe me identitetin shqiptar, e më së shumti identitetin aq të kristaltë që vjen nga bregdeti. A nuk e citon vetë këtë rrugë të lashtë e të bardhë vetë vargu i Gjonit? Ja si shprehet poetja: "Shtojzovallet kishin epoka pa bërë vizitë/Në botën dhe jetën e njerëzve/Kurioziteti shtojzovall nisi rrugën/me fustane të bardhë antike/që ngatërronin epokat, gojëdhënat...".

Pra kemi në këtë formëzim, 'epokat', jo vetëm në simbolikën e tyre të kohërave, por edhe me shumëkuptimësinë e tyre që lidhet me sunduesit dhe udhërrëfyesit e atyre kohërave, pra me fuqinë që ka determinuar në kohë dhe hapësirë, për të na ftilluar lidhjen tonë me miqësinë e vizitën e shtrenjtë të 'shtojzovalleve'. E tani që 'shtojzovallet' shfaqen pas shumë epokash, natyrshëm rizgjojnë edhe kërshërinë e lidhjeve dhe zhdukjeve të tyre misterioze. Rrrënjëngjeshur në kumtin e epokave ato shfaqen për të na dhënë atë forcë që vec një varg i tillë i prodhon, që vec një gjuhë e tillë i rizgjon. E pra, falë vargut të Gjonit ne i kemi këtu, i kemi në 'Bregdet' si metafora që lidhin 'botën dhe jetën e njerëzve' si enigma të shtrenjta që zgjojnë dhe udhënisin 'kuriozitetin shtojzovall' duke na dhuruar fuqinë që vjen nga lashtësia 'me fustane të bardhë antike'. A nuk kanë qenë këto fustane antike simbolika e 'Bregdetit'? A nuk janë ato madhështia dhe krenaria e kryesofrës bujare shqiptare? Për poeten, ashtu sic do të citonte studiuesi shqiptar, Zyhdi Dervishi ato janë 'Lente të fuqishme të identitetit shqiptar' (Dervishi: 2008: 345). Dhe për studiuesin britanik Michael Rothberg ato janë 'vlera shumëdimensionale kulturore' që natyrshëm vijnë nga një varg me kulturë, me ritëm e vrull shkencor të strukur thellë në të.

"Shtoi Zot Vallet" është një kod poetik më vete. Një kod që thotë mjaft në pak rrjeshta. Një kod që vjen i duhur dhe i domosdoshëm për tu analizuar. Një kod që fuqizohet sa herë rishtrohesh qetas mes vargjeve: "Hapën sytë në frymëmarrjen e zgjuar te njëra-tjetrës/Sikur shumë bukuri, të kishin një mendje/Kujtonin rrugën nëpër ngatërrim epokash, gojëdhënash/Takim me një shpirt të vrarë/Në momentin ku i lihej i pazhdukshëm,/Një tatuazh zhgënjimi/Dhe nga dhimbja klithte me tërbim sakati...". parë nga tipi i realizuar i shprehisë gjuhësore, kjo renditje vargore qëndron në një paralele mes rrafshit filologjik të organizimit gjuhësor dhe figuracionit të ngjeshur. Figurat poetike në poezinë e Gjonit janë ndjeshëm figura edhe gjuhësore, por edhe figura estetike, të cilat janë standartizuar me risi tipike të traditës më të bukur poetike. Në këtë standartizim përdoren epiteti, hiperbola, dhe më së shumti ajo që bie më shumë në sy është metafora dekorative, madje ajo e tipit të fortë. Kjo metaforë dekorative në vargun e Gjonit është 'elementi lirik që qet krye më dukshëm në digresionet lirike, të cilat i shrëbejnë krijuesit për meditime filozofike ose për shprehjen e ndjenjave intime' (Matoshi, 1979: 386). Kjo duket qartë në vargjet e mëposhtme: "Shtojzovallet e dhimsura,/Kaq panë në botën e njerëzve/Në një vizitë,Shumë më te shkurtër se rruga/Gjithçka u dukej makth ëndrre, makth drite/trupëzuar tek një flokëverdhë si shtojzovallet/Ulur në hijen e zonjave të shtëpisë/Duke thurur gërsheta tatuazhesh zhgënjimi/Të tepruara nga një natë më parë/Në pritje të "MIRËMËNGJESIT" të shtojzovalleve...".

Poetja në mjaft raste përdor simbolin dhe simbolikën e fuqizuar nga metafora dekorative. Në këtë rast vargu i saj është një pushtetësi e ligjërimit poetik: "Duke u ngjasuar me veten,/Me frymë i lanë trupin,/Me qerpikët e gjatë i krehën flokët,/Zërat dhe dritat ia qepën mantel,/Duke e bërë simotrën e tyre/Nën ritmin shtojzovall:/"SHTOI ZOT VALLET"/Shtojzovallja e re kërcente/Duke argëtuar dhe tatuazhin e zhgënjimit.../DASHURI BUZË GREMINE/Bëmë dashuri buzë një gremine/Në mollëzat e gishtave të tu,/një cermë hëne të prek".

Poezia e Gjonit është jo vetëm një bashkëjetesë e epit, por edhe një tip klasik i vargut të lirë që sjell një kompozicion dhe strukturë kompozicionale të qartë të poezisë që ndërlidh vetë të ndryshme në një: "Me ty ëngjëll jam dashuruar unë,/Me ty nata e greminës,/Me ty hëna e njohur si hajdute zemrash/S'di kujt t'ia prishësh". Ky tip klasik i vargut të lirë na krijon një ndikim të qartë dhe një lexim të thjeshtë mes metaforës dekorative: "Gremina të josh me fundin e mistershëm/Gëlltit një copë gremine/Hëna të josh me cermën e saj/Gëlltit një copë hënë/Thua se unë të josh me sekretet e pathëna/Gëlltit një sekret timin".

Trevetësia që ndahet mes nje metafizike vetëpërfshirëse, ku vetja, gremina dhe hëna janë tresja në lojën enigmatike, fuqizon aspektualen e metaforës dekorative dhe koncepti filozofik është përmbyllja e mesazhit: "Mua më duhet të të shpëtoj/prej vetes sime, greminës dhe hënës/Duke të futur në një akuarium shpirti/të padepërtueshëm prej shumë palë sysh njëherësh...". Kjo nënkupton edhe plotësin që autorja e përfundon mes filozofisë së vargut të vetëm: "se dashuria ha koka...".

Gjoni duket qartë se përdor metaforën e tipit dekorativ për të rikonsideruar forcën e vargut dhe për ti dhënë më shumë ornament dhe aksesorë zbukurues poezisë. Në këtë rast përdorimi i kësaj metafore është thuajse gjithnjë një mënyrë e të menduarit, një mënyrë që i afron lexuesve (edhe vetes) rrugë të freskëta për të ekzaminuar dhe parë botën e fshehtë, historiken, kulturoren dhe të trashëguarën. "Tatuazh në lekurën e ditëve" është një nga poezitë e konsideruara në këtë pikë. Autorja e kësaj poezie shkruan: "Në lëkurën e ditëve/me majën e stërkalave/të detit të djegur nga malli për ty,/Le në tatuazh fytyrën time". Dhe shkaku është i qartë, pasi metafora dhe rruga e thjeshtë e autores sjell qartë se është faktori "Që t'i ngjaj origjinalit" dhe për këtë ajo "i derdh flokëve/parfum mimozash të verdha/të mbira, të bleruara e të lulëzuara/në rrugën e detit/përshkuar me hapa të kaltër/ku çdo hap kaltër i penduar,/kthehej mbrapsht".

Në këtë rast funksioni i metaforës është një lloj terapie. Kjo lloj terapie formon konvencën poetike me metaforën terapeutike. Ajo funksionon si e tillë aty ku përshkrimi është funksioni kryesor i një metafore letrare, duke ndryshuar, reintepretuar, dhe rifremuar mesazhet e poezisë. Vetë poetja në një intervistë të saj shprehet duke lincuar thelbin terapeutik të gjërave por edhe rolin në heshtje të njohurive që ajo zotëron dhe po aq edhe të faktit të metaforës dekorative me një diapazon të thellë historik. Ja si shprehet ajo kur kumton lidhjen vargore me detin, jo thjesht si një frymëzim amorf: "Ah Deti! Të mrekullon sa e sheh. Të magjeps me trajtat e ngjyrat që merr dhe të lind dëshira që sikur të kishe mundësi, ta rrokje të gjithin në krahët dhe shpirtin tënd! Detin jam munduar ta shoh në kompleksitetin e tij (sigurisht asnjëherë të ezaurueshëm), tek libri im studimor "Marrëdhënie të miteve...". Kulti i detit është tejet interesant me utilitaritet kontravers. Herë është ndëshkues e herë është kurues dhe shpëtimtar. Ndaj me arsye karakteri i detit definohet në libër me dyfytyrësinë e tij sipas kulteve dhe miteve të Bregdetit

Jonian. Mitologjikisht detit i luten me gradën "Zoti Det". Atributet e Posejdonit grek, të Redonit ilir, Neptuni latin, mendohet se i ka te kaonët një hyjni deti në trajtë ikone, madje të antropomorfizuar. Ndonëse fatkeqësisht kjo ngelet vetëm një hipotezë e nuk kemi një emër të saktë të hyjnisë së detit në zonën e Bregdetit Jonian, egzistenca e kësaj hyjnie nuk është mohuar asnjëherë. Për këtë na bind fakti se Deti në vetvete në Bregdetin Jonian është konsideruar si hyjni dhe gjithmonë i janë adresuar lutje. Madje këtu deti shfaqet me një funksion të dyfishtë: edhe si hyjni, edhe si altar ku adhurohej e lutej. Sepse Detit i është blatuar (sipas të dhënave gojore) si në periudhat pagane, ashtu edhe në ato kristiane. Ka shumë të ngjarë që në Bregdetin Jonian, pasardhësi më i vonë i hyjnisë së antropomorfizuar të jetë Shën Spiridhoni. Këtu shfaqet më i pranishëm edhe gërshetimi i elementit pagan me atë kristian. Në Bregdet është e njohur thënia: "Ç'ka stereja, ka deti". Mos të harrojmë praninë e shumë gjallesave mitologjike që gjenden në të. Thellësitë e detit Jonik, paralelizohen me misterin e thellë e të pazbuluar të së ardhmes." Këto janë në fakt qëllimet kryesore të metaforës terapeutike. Për të arritur këto, metafora terapeutike duhet të shkaktoj si familiaritetin imagjinar të metaforës letrare ashtu edhe një familjaritet relacional bazuar në një ndjenjë të përvojës personale. Dhe këtë e realizon më së miri vargu i poezisë së Gjonit: "Duke u shndërruar në një saksi mimoze/që për t'u bërë parfumi më epshndjellës në botë,/thithte me zemër esencën e jodit,/kripës, kaltërsisë dhe hapësirës/...Ndaj tatuazhi në lëkurën e ditëve/më ngjan tmerrësisht mua..."

Rrëfimi filozofik, ku dominon vetja, ngjarja dhe tërë lidhjet me saksinë e mimozës, esencën e jodit, kripën, kaltërsinë, hapësirën etj, flasin për përvojën e përbashkët të jetës dhe kjo bëhet me simbolikën dhe gjuhën poetike.

Është kjo ndoshta një nga faktet që e bënë poeten shqiptare të duartrokitet në Stamboll, në një eveniment kulturor-poetik të këtij viti. Mediat shkruan "Përfaqësuesja shqiptare Doktorante zj. Irena Gjoni, u prezantua me poezinë "Shtoi Zot vallet" të shkëputur nga vëllimi poetik "Tatuazh në shpirt të detit". Ishte një përzgjedhje e goditur, e pasur me shumë elemente e detaje autoktonë që përcillte kjo poezi. Ishte një prezantim dinjitoz i përfaqësueses shqiptare. Pati një pritje të ngrohtë prej publikut në një sallë të tejmbushur, ku kishte spektatorë që qëndronin edhe në këmbë. Tejet të ndjeshëm ndaj prezantimit shqiptar, duke e ndjekur në një qetësi të admirueshme. Ishte poezia e parë që hapi manifestimin." Siapas medias mësohet se Irena Gjoni e paraqiti poezinë në shqip dhe më pas drejtuesi i takimit e prezantoi edhe në turqisht. Të përkthyera në gjuhën turke, vargjet u dhanë të pranishmëve idenë e vërtetë të poezisë të përcjella edhe përmes zërit të ëmbël të poetes që diti ta ndriçojë sallën nën hijen e flamurit të kuq shqiptar dhe që diti përmes prezantimit të saj ta vinte sallën në heshtje për disa minuta. Dhe me të mbaruar prezantimi i poetes shqiptare, salla nuk reshti për minuta të tëra duke duartrokitur e uruar." Dhe më tej thuhet se "sadisfaksioni ishte akoma më i madh, kur poezia "Shtoi Zot vallet", në përzgjedhjet dhe gjykimet e profesorëve dhe specialistëve turk, u konsiderua si më e mira e gjithë takimit dhe për këtë u vlerësua me çmim të parë." Nuk ka si të mos ndihesh i lumtur kur dëgjon se poetja shqiptare Irena Gjoni, ulet në fronin "Mbretëresha e poezisë" për sezonin 2011. Irena Gjoni, si fituese e çmimit të parë në një mjedis kulturor të ndjeshëm, natyrshëm forcon idenë se është një poete tipike me një mesazh filozofik të qartë.

Irena Gjoni, Doktorante në Letërsi, aktualisht është pedagoge e jashtme në Universitetin e Tiranës Filiali Sarandë, si dhe mësuese letërsie në gjimnazin "Hasan Tahsini".

Që prej viteve të gjimnazit e në vijim ka botuar poezi, prozë letrare si dhe shkrime kritike e studimore në periodikë të ndryshëm. Në vitin 2003 ka botuar librin me poezi "Tatuazh në shpirt të detit". Në 2008 boton librin studimor "Marrëdhënie të miteve dhe kulteve të Bregdetit Jonian me ato ndërkufitare" (material me të cilin ka fituar Gradën "Master"), si dhe vëllimin me fiksione "Gjysma dashurish" (2010). Është fituese e disa çmimeve brenda dhe jashtë vendit.

'Boredomi' si aspekt i rrëndësishëm në prozën bashkëkohore

Tre rryma historike kryqëzohen teksa mban frymën në afërsi të fushës së Domosdovës. Tre fryma ndihen ende aty ndanë udhës kryesore që mbahet rëndë nga endjet dihatëse shekullore që mbijetojnë si balada në anën e këtyre viseve të fshehura në kapakë librash e historish të shkruara e të pashkruara. E në të tria këto është edhe kryqëzimi që të shpie tutje në Rrajcë Skënderbej, Qafën e Thanës dhe më tej ai që të drejton andej nga Goliku e Stravaj. Në të tria këto ardhje nga kohërat për kohërat ndjehet trokthi i Gjergj Kastriotit, shfaqet si në mjegull tymi i Minierës së Hekur-Nikelit në hyrje të Prrenjasit, ende alarmon zhurma e prapshtë e sharrave të Stravajt… E gjitha nga kohërat. Pjesa tjetër e ngecur në kohë. Në një kohë gati gjysëmshekullore. Në një kohë kur edhe shkrimtari shqiptar, Vullnet Mato, do të linte trokamat e penës së tij atyre ahishteve shekullore. Dhe mes kësaj anarkie të ngecjes kohore vjen edhe postulati i George Bernard Show tek *"Cezari dhe Kleopatra"*: "Kur njeriu është duke bërë diçka është gjithmonë i turpëruar, ai gjithmonë deklaron atë se ajo është detyra e tij". Pastaj për të ardhur tek ajo që Virgjili theksoi hershëm tek *"Aeneid"*: "Nga një krim, njihi të gjithë ata si fajtorë". Por, ndërsa P.B. Shelley tek *"Prometeu i Palidhur"* thekson se "Varri mbulon të gjitha gjërat bukur dhe mirë" është mjeshtëria e Matos që depërton deri thellë ngulmave vjetroshe të shkulë çibanë dhe mërzitma. Ai me *"Damkosje e ëngjëjve"* sjell diçka të duhur dhe të munguar në të njëjtën kohë. Po të huazonim një fjalë nga frëngjishtja *ennui*, do të shihnim qartë se si kjo penë kalibron **boredomin**, ndjenjën e mërzitjes dhe disadisfaksionit nëpër kuadrate të munguar letrare që frymëzimin e kanë nga jetikja. Alteracioni dhe variacioni artistik që vijnë në formën e një riorganizmi të ngjarjeve e bëjnë këtë vepër të mbetet jo thjesht një dëshmi e vetes dhe rrethnajës, por një diktim arbitrar i eufemizmit, që ai në mënyrën më të plotë e përdor njësoj si kuptimi i parë i saj që vjen nga greqishtja (që të flasësh në mënyrë të favorshme për realitetin). Në këtë eufemizëm është tërësisht pjesa që i bashkohet fatit të njeriut tek *"Damkosje e ëngjëjve"*.

E veçantë në llojin e saj

"Damkosje e ëngjëjve" merr frymë lirisht dhe në mënyrë tipike tejkalon normën e mbingarkesës duke transformuar fjalën, rendin dhe duke promovuar stilin letrar në një kënd të veçantë. Është në fakt një prozë më e organizuar dhe në mënyrë më të çlirët gjuhësore se poezia. Fjalia e matos nuk fillon me rend të ri, kështu nuk bëhet e mërzitshme. Ajo vazhdon aty ku ka përfunduar fjalia e mëparshme, pasi vetë jetë e tij është e tillë. Ajo nisi në Sarandë ku vetë autori në kapitullin e parë thekson: "Deti në ngjyrë gushë rosaku, kodra ballkon e Sarandës dhe ishulli i Korfuzit. Këto duhet të kenë qenë tri figurat e para që u pasqyruan te retina e syve të mi, ditën kur hapa qepallat dhe me mahnitje foshnjore fillova të dalloj botën e madhe që gjallonte rrethqark. Besoj, këto tri pamje do të mbeten edhe figurat e fundit në çastin, kur t'i mbyll sytë përgjithmonë. Për arsyen e thjeshtë, se vegimi i tyre, nëpër ëndrra dhe kujtime, më është rishfaqur si refren figurativ i çuditshëm, gjatë dekadave të viteve. Kohë kjo, gjatë së cilës, jam endur fillikat, i shkëputur nga vendlindja dhe trungu familjar. Si një shpirt i ndarë nga dashuria e ngrohtë e shpirtrave të afërt. Dhe të gjitha erdhën pas një largimi të dhimbshëm. Për t'u shpëtuar pasojave të damkës së zezë, që më vunë në lulen e ballit të njomë dhe në bardhësinë e shpirtit të panjollosur. Kur isha vetëm dymbëdhjetë vjeç. Babai im pa një ëndërr të habitshme.

Kishte hipur mbi një kalë të bardhë fluturues, që endej nëpër lartësitë e krifave të reve. Nën jelet mjegullore të atij kali fantastik, kishte soditur disa qytete të madhërishëm, me shtëpi të bardha, farfuritëse. Një zë i mistershëm, që sillej nëpër qiell, i tha se ishin Korfuzi, Janina, Athina. Vende këto, që ua kishte mësuar emrin vetëm nga historia. Sepse nuk i kishte parë kurrë, veçse në atë ëndërr të mallkuar…(Mato, kapitulli i parë), për të vazhduar më tej me Librazhdin e skutat e tij mes Hotolishtit e Stravaj. Në këtë prozë të Matos shpesh kuptimi shprehet me shumë fjali, fraza të tëra për të përcaktuar elementët e domosdoshëm filozofik të perceptimi në kohë, vend dhe hapësirë. Në tërë këndvështrimin e saj shihet mbështetja në zgjedhjen dhe përdorimin e figurshëm të fjalëve, në shumëllojshmërinë e tyre, në seleksionimin e mrekullueshëm të frazeologjisë dhe krahinarizmave. Por, autori përdor bukur edhe spektrin e gjerë të karakterizmit të gjuhës dhe personazheve. Autori është ndërhyrës, por edhe i matur në rolin e tregimtarit. Diku ai gjen edhe modelin e tillë për të përcjellë humorin, realitetin dhe pasqyrën e atijt të cilit i sfidohej koha, jeta e njeriut, atij pra delirit që në sfilatën letrare të Bernard Showt dhe të Matos gatuhet i tillë: "Pas dialogut të shkurtër me të sapoardhurin, mësuesja, e skuqur pakëz nga emocioni, iu drejtua klasës: "- Shoku Ziso, është instruktor në komitetin e partisë dhe ka ardhur të bisedoj pak me ju... Nuk mund ta përcaktoj saktë, pse prania e tij më shkaktoi aq bezdi. Ndoshta nga çorapet e kuqe të grisura. Ndoshta se ndërpreu vlerësimet e tjera të mësueses dhe të shokëve për hartimin tim. Ndoshta se çorapekuqë të tjerë si ky, më kishin burgosur babanë. Po e vërteta është se e kundrova sikur të më dhembnin sytë.

- Hë, mo kalamaqër, si jini, si ja shpini? - e çoi buzën vesh më vesh ai, duke u shtirë tepër i dashur me ne.

- Miiirë! - thamë të gjithë në një gojë.

- Miri e ma miri qofshi, se keshtu u do juve mema jona Partia, te beheni bijë e bija te ditura e te mesuara te Shkiperias.

- Qënka vurgar! - nxitova t'i pëshpëris Afesasë te veshi, duke dalluar tek ai aksentin shqip të minoritarëve. Dhe padashur më shkuan sytë te gjunjët e saj të zbuluar deri lart.

- Uh, - ia bëri ajo, duke ndjerë vapën e ditëve të para të qershorit. - Unë e kam mendjen te deti, sa të mbarojë ora, do shkojmë me shoqet të lahemi te pllakat...

Instruktori vijoi të na fliste për sukseset e fshatarësisë së Vurgut dhe për dërrmën që po u jepte Partia me Enverin armiqve e tradhtarëve të vendit." (Kap. 8).

"Damkosje e ëngjëjve" e kapërcen "sagën'. Saga e njohur si një tregim i vecantë i popujve nordikë për jetën familjare në tërë strukturën e kësaj proze mbetet një synim më i gjerë. Ajo kalon hapësirën familjare dhe krijon kompleksin filozofik të së tërës. E përshkruara në kapitullin e tetë e qartëson këtë. Tjetra që është domethënëse për t'a kapërcyer atë si një sagë, është se ajo nuk vjen në formën gojore edhe pse vjen si një 'model' përvuajtës. Ajo që autori kapërcen është fakti i boredomit, asaj gjendjeje që ka krijuar dhe ka lënë fatin e tij në situatën që shkruan për të. Autori nuk shkruan nga indinjimi, as nga pozita e mërzitjes letrare (*boredromit*), se ajo e kupton rrjedhën e saj dhe nëpërmjet qetësisë arrin të konfigurojë kalavarin e persekutimit, por nga dukuria e veçorisë tipike që vjen nga stili i tij dhe nga ushqimi shpirtëror i ndikuar nga filozofia kohë, vend dhe hapësirë. Në këtë pikë kemi ardhur në një moment të rrëndësishëm ku duhet të shpjegojmë se c'është në fakt 'boredromi' në letërsi. Boredromi nuk është thjesht 'mërzitja' në kuptimin e tij të parë të përkthimit drejtpërdrejt në shqip. Boredromi është një 'Mërzitje' më saktë është një gjendje emocionale e përjetuar gjatë periudhave kur mungon veprimi apo kur individët janë të interesuar në mundësitë që i rrethojnë. Rekordimi i parë i fjalës 'mërzitje' në formën e 'boredromit

letrar' është shfaqur për herë të parë në romanin "*Shtëpia e zymtë*" të shkruar nga **Charles Dickens** në vitin 1852, në të cilën ajo si fjalë shfaqet gati gjashtë herë, ndonëse shprehja dhe përdorimi direkt i saj është dhe ka qenë përdorur në kuptimin tjetër "të jetë i lodhshëm apo i shurdhër " që nga viti 1768.

Fjala në këtë kuptim, 'Mërzitje' ka qenë përcaktuar nga C.D. **Fisher** në drejtim psikologjik që sipas tij nënkupton: "një gjendje të pakëndshme, emocionale e rastit, në të cilën tek individi ndihet një mungesë e përhapur e interesit në vështirësi dhe duket i përqëndruar në aktivitetin aktual." Z. **Leary** dhe të tjerët e përshkruajnë mërzitjen e këtij kuptimi si "një përvojë emocionale e lidhur me procese njohëse jashtë vëmendjes dhe interesit." Në psikologjinë pozitive, ankthi është përshkruar si një përgjigje për një sfidë të moderuar për të cilën subjekti ka aftësi më shumë se sa duhet. Këto definicione e bëjnë të qartë se mërzinz nuk lind nga mungesa e gjërave për të bërë, por nga pamundësia për të lëvruar lirisht mbi ndonjë aktivitet specifik, siç është në këtë rast krijimtaria letrare e Vullnet Matos.

Jeta në kalvarin e persekutimit

Vullnet Mato, është poet dhe prozator. I biri i Remzi Matos mësues nga Fterra, lindi në Sarandë në vitin 1937. Mësimet e para i mori në qytetin e lindjes. Për shkak se i burgosën babanë për agjitacion dhe propagandë u la disa vite pa punë. U detyrua të largohet nga vendlindja në moshë të re dhe shkoi për të punuar kinomekanik në kinematë e sharrave Hotolisht e Stravaj dhe më pas në qytetin e Librazhdit. Aty mbaroi me korrespondencë Liceun Artistik të Tiranës për pikturë dhe studimet e larta në Fakultetit Filologjik të Universitetit të Tiranës në degën Gjuhë Letërsi shqipe. Punoi drejtor në shtëpinë e kulturës dhe në muzeun e këtij qyteti. U pranua anëtar i Lidhjes së Shkrimtarëve dhe Artistëve të Shqipërisë qysh në vitin 1970. Botoi publicistikë dhe letërsi artistike në mjaft organe të shtypit. Bëri disa skenarë filmash dokumentarë dhe kronika të TVSH. Mori pjesë në festivalet kombëtare të Radiotelivizionit shqiptar ku fitoi çmime për tekstet. Dy tregime të tij u përkthyen dhe u botuan në shtypin e huaj. Disa cikle me poezi të tij u inskenuan të recituara nga aktorë të Tetarit Popullor. Pasi u bë i njohur me krijimet e tij u tërhoq nga redaksia e Revistës "YLLI" ku u emërua redaktor. Por një vit më pas u vërtetua mungesa e garancive të nevojshme politike dhe me urdhër nga lart e kthyen sërish në Librazhd, ku u dërgua disenjator në repartin e pikturës. Më tej, punoi mësues në gjimnazin e qytetit. Dhe në vazhdën e keqtrajtimit të herëpashershëm klasor u dërgua mësues në shkollën e mesme të fshatit Qukës. Me ndërrimin e sistemit u emërua shef në drejtorinë arsimore të këtij rrethi dhe u zgjodh kryetar i degës së Lidhjes së Shkrimtarëve dhe Artistëve të Librazhdit.

Vitet e fundit jeton e punon në Tiranë, redaktor i shtëpisë botuese "**Milosao**" Romani i tij "*Lakmia*" U nderua me çmim në konkursin e Ndërmarrjes botuese "**Gjon Buzuku**" të Kosovës.

Veprat në vite

Është autor i vëllimeve poetike: "*Tinguj malesh*" (1969), "*Krahët e erës*" (1972), "*Ninullat e hekurit*" (1984), "*Dritaret e prillit*" (1994) dhe i Vëllimit me poema "*Katër plagë të shqipërisë*" (1999). Ka botuar vëllimet me tregime "*E fshehta tronditëse*" (1999) "*Klithmat e mishit të bardhë*" (2006). Romanet: "*Ujësinor*" (1976), "*Era e kësaj kohe*" (1984), "*Lakmia*" (2000), "*Maturantët*" (2002), "*Damkosja e engjëjve*" (2004) "*Grerëzat e kuqe*" (2007).

Mjeshtria e renditjes estetike të fjalëve 'kuptim-dyfyshe'

Është jo shpesh e lakmueshme të gjykohen autorët e tregimeve. Por ja që ndodh. Dhe ata gjykohen nga fjalët e tyre, që formojnë krijimtarinë. Kështu ndodh me poetin, tregimtarin, novelistin apo edhe me romancierin. Kur lexon tregimin e Vullnet Matos *"Ndarja"* gjen pikërisht këtë 'gjykim' që vjen përpos fjalëve të 'ndyra' të përditshmërisë, por që në krijimtari përbëjnë 'lezetin' dhe arsyen e përdorimit të tyre profesional, mjeshtrinë e përdorimit estetik të tyre në kuptimin dysh që ata mbartin. Tek ky tregim si shembull autori përdor: "-Ti je kurvë, kurvë e paliçensuar! -shpërtheu Tori eksplozivin e vet.

-Ndërsa ti je psikopat me liçencë, që the të parën, fjalën e fundit, -ia përplasi Frida me acarim nga poltroni përballë. -Dhe mua, s'më mbetet tjetër, veçse të bëj të parin, veprimin e fundit...". Fjalët *'kurvë'* dhe *'psikopat'* natyrshëm janë këto fjalë vulgare të fjalorit të përditshëm, por janë këto fjalë që i japin emocion tjetër tregimit. Një emocion që ka lidhjen e tij që nga koha e Greqisë Antike. Nga ajo kohë ku fjalët e ndyra bënë që letrsia dhe filozofia greke të quhej 'mjeshtre e vërtetë' dhe krijuesit e asaj kohe të këtij vendi të quheshin 'mjeshtër të vërtetë të fjalëve të ndyra në poezi dhe krijimtari letrare' (Robson, James 2009:15). James shkon më tej duke sqaruar se "Për grekët, sharjet nuk ishin "të pista", ata janë thjesht fjalë që ju mund të përdorni për të përshkruar një situatë. Me ato fjalë që ju përshkruani se çfarë ishte duke ndodhur kur ai kishte fjetur me të dashurën tuaj ju gjeni tek këto fjalë atë që duhet pra opozitarin në dashuri, pra si rivalin tuaj." (ibid).

Kështu edhe dy fjalët e përdorura nga Mato mjaftojnë për të kuptuar aspektin që lidh përdorimin e tyre dhe 'boredromin' në krijimtarinë letrare, edhe për vetë faktin që në planin e parë duken disi të mërzitshme e tejkaluese në normën e komunikimit, por që janë të domosdoshme në leximin e një vepre letrare. Në njëmë nyrë më të thjeshtë, por më përshkruese shihet kjo tek tregimi "Haka e grave" ku fjalët janë disi një lidhje me aspektin dyfish të kuptimit të tyre, si 'pela e bardhë' apo edhe më tej duke lexuar këtë fragment: "Plasa me punët e shtëpisë, laj, shpëlaj, gatuaj e ushqej fëmijët, vjen edhe ti e më thua mbaji këmbët ngritur të bëj qejf unë, më ler rehat sot, të të bëj një lakror që të pëlqen!" Ja kështu më thoshte gruaja. Kurse kjo tjetra, mëzja pe Kolonje: "Ilkë, o shpirt, do vdes po s'të kam pranë!" dhe më rrufiste e më lëshonte avullin e ngrohtë në gojë. E si të mos më prishej mendja të harxhoja për të bërë qejf me të, bre!...Mëndja e burrit me vidha është, gratë kanë kaçavidhën në dorë, të zhvidhosin kur të duash, shpëton vetëm po i pate vidhat të ndryshkura. E, nejse, ajo **pela e bardhë** e Tomit, Florenca, ishte aq e lojtur pas tij, sa do e linte edhe mamanë duke vdekur, për të bërë gjysmë ore dashuri me Tomin..."

Dhe më tej me këtë fragment ku fjala *'si koqe'* dominon: "Eh, ç'grua e rrallë ishte ajo imja, bre byrazer! Me një fisnikëri të madhe karakteri. Po unë jam sjellur **si koqe** me të. Rastis që ne, intelektualët, ngaqë na pëlqen mëndja shumë, veprojmë me gratë fare pa mënd..."

Poezia e Kristo Çipas, këngë e magjishme nga Bregdeti

Kristo Çipa, është një emër që sot mund të shihet në një këndvështrim tresh. Treshja e tillë, treshja e këndvështrueshme e kësaj figure vjen rishtaz mes poezisë, 'Grupit të Bregdetit të Himarës' por edhe mes vetë folk-traditës që ai mban gjallë jo vetëm frymëzimin, por edhe tërë dimensionin jetë-udhëtim të vargreferimit të tij. Është vetë vargu i tij që mes këtij këndvështrimi trinonimik ai që qartëson tre detaje të vogla, por tepër domethënëse tek të cilat vetë jeta e poetit gjen prehje. Poezia "Deti" shkruar për të dëshmuar po aq mes valës 'me shkëmbim xheloze' po aq edhe me 'tallaze kthjellime' duket se i jep nder në renditje poezisë së tij 'Pikë loti, moj Fotinë' me të cilën ai dëshmon rrugëjetën e gjallë mes një historie të lashtë e krenare: "nëntë lebër vijnë/besë Konstandinë/për kapedan Nasen/detin e përpinë/aman Fotino/pikë loti/moj Fotinë'. Dhe këtu gjen vend mes lotit edhe titulli i vëllimit të tij poetik "Guri i rëndë në vend të vet" për të cilin poeti Besnik Mustafaj shprehet me një përcjellje miqësore. Ndërsa vargu i poetit qartëson "jam nga Piluri mbi dete/supe lart me krenari/trimërinë e kam me vete/zgjuarsinë e mbaj në sy' fjala e Mustafajt të shpie në aromën dhe dritësinë e vargut të poetit Çipa "vargjet e Kristo Çipës kanë drita dhe aroma të forta, kanë ngjyra të theksuara e të gjitha këto të përthyera nga mjedisi ku jeton poeti'.

Për poetin piluriot Bardhosh Gaçe shprehet: "Shpirti i tij i thellë lirik, i mbështetur në muzën popullore të Bregut, ka dhënë frymëzime të bukura, vargje të gdhendura me ndjenja e emocione për dashurinë, duke e zbritur perëndeshën e bukurisë nga qielli në këto brigje joniane. Poezia e Kristo Çipës është një këngë e magjishme, me të cilën poeti shëtit nëpër brigjet e

Himarës dhe Atdheut, duke u falur kohës dhe njerëzve më shumë dashuri dhe fisnikëri.".

Por përse themi se poeti krijimtaria e tij janë në një këndvështrim tredimensional? Duke parë së pari poezinë shohim se ajo është një pikëkompozitë mes folk-poezisë dhe tradicionales popullore që hulumton, përcjell dhe forcon mesazhin urtor. Duke parë së dyti duartrokitjt e polifonisë himariote gjejmë forcën që ai i jep grupit polifonik të 'Bregut të Himarës' e sidomos asaj force që ai ka marë nga duartrokitjet në edicionin e 7-të të takimit muzikor "Recontre de Coralisula", që u zhvillua kohë më parë në Korsikë.

Duhet sqaruar se Grupi i Bregut të Himarës është një grup polifonik i cili pason traditën e grupeve të tjera më të vjetër të Himarës, Pilurit, Dhërmiut, të bregdetit shqiptar. Ky grup ka debutuar në Festivalin Folklorik të Gjirokastrës në vitin 2004. Nën drejtimin e Kristo Çipës, grupi i Bregut të Himarës ka fituar çmime në Festivale të ndryshme si: Bylis Polifoni 2008, ISO POLIFONI Vlorë 2008, Berat 2008, Rapshtë 2009. Grupi është nderuar gjithashtu me titullin e Mirënjohjes së Labërisë. Vitin e kaluar Grupi i Bregut të Himarës mori pjesë në edicionin e 4-rt të Takimeve Muzikore të Dy Botëve në Kalanë e Gjirokastrës, të organizuar nga shoqata 'Argjiro'. Grupi i Bregut të Himarës përbëhet nga Kristo Çipa, Eleni Joshi, Eleni Mërkuri, Dhimitraq Bala, Harilla Dhimo, Jani Qendro Zeneli, Foto Leka dhe Janaq Tata.

Dhe së treti ajo që cituam më lart është vetë lidhja anakronike e forcës që vjen mes vargut dhe dimensionit të polifonisë.

Në këtë lidhje jo më kot do të rishtrojmë pikasjen e Besnik Mustafajt se "Vargjet e Kristo Çipës kanë drita dhe aroma të forta, kanë ngjyra të theksuara e të gjitha këto të përthyera nga mjedisi ku jeton poeti." Kjo natyrë përshkrimore deri diku përcakton mandej edhe orientimin e autorit drejt temës poetike dhe bëhet vlerë në komunikimin me lexuesin. Me fjalë të tjera, sipas Mustafajt, Kristo Çipës do t'i shkonte si lavdërim përcaktimi se është poet popullor. Përcaktimi i fundit si një poet popullor, mbetet një term rreth të cilit mjaft poezi të tilla si 'jam nga Piluri mbi dete'; 'Djalëria ime'; 'Marshi i rebelëve 1997'; 'Unë jam Damjani i Himarës' etj ndërtojnë diskursin tipik të populizmit. Vetë populizmi mund të definohet si një ideologji, në tërë filozofinë politike të vargut, ose si vetë tipi i diskursit. Kjo është përcaktuar nga Cambridge dictionary si "ide politike dhe aktivitetet që kanë për qëllim për të përfaqësuar nevojat e zakonshme e njerëzve dhe dëshirat e njerëzve ".

Dhe këtë e bën në mënyrë të përsosur poezia dhë tërë vargu i poezisë së poetit Kristo Çipa. Ai mes poezisë 'Lumturia jonë shkuar pasuri' na dikton qartë se lidhja organike mes diskursit populist ka një shtrirje mes ligjësisë natyrore 'burrë-grua' ku vitet, koha dhe hapësira si dimension brenda vetë vargut na qartësojnë se 'pasuria jonë, dhuratë perëndie/fëmijët në dhomë kupë lumturie/nuk na puthi kamja,neve s'u afruam,/s'na gostiti parja, as ne nuk e fituam.../

Ja se si shkruan Timo Mërkuri në një shënim të tij për këtë vëllim: "Ndërsa lexoja librin poetik të Kristo Çipës "Guri i rrëndë në vend të vet", pikërisht në momentin kur çfletoja faqen 14, gjatë leximit të vjershës "Jam nga Piluri mbi dete", te vargjet ...Atje te lisat me hije/ Ku ka selinë perëndia..., pikërisht aty e gjeta vehten në pozicionin më të çuditshëm që mund ta mendojë çdo lexues. Në vend që të lexoja qetësisht vargjet, unë i këndoja ato. I këndoja sipas melodisë të njohur të grupit të Kiço Çipës, grup i cili njihet si Grupi i Himarës.Unë po e këndoja librin varg pas vargu e vjershë pas vjershe. Herë duke e vënë vehten në rolin e marësit dhe herë duke marë rolin e hedhësit me atë...hajde deee... magjike. Dhe më së shumti, duke i logatur vargjet vetmevete.Ishte hera e parë që më ndodhte kjo, ndajë mornica më shkuan nëpër trup. Se të nisësh të lexosh e të përfundosh duke kënduar ato që lexon... dhe aqë e zakonëshme nuk është. S'di pse mu kujtua fakti se libri i leximit në shkollat fillore quhet libër këndimi, pavarësisht se s'ka të bëjë fare me nota muzikore dhe me këngë. Por ama, ato zëra fëmijësh, tek lexojnë në kor fjalët dhe fjalitë, veç me cicërima zogjsh të ngjasojnë. E këngë më të bukur se ajo e zogjve në pranverë, ju siguroj unë që nuk është dëgjuar ndonjëherë. Edhe kjo mund të ketë qënë një arsye që Naim Frashëri dhe rilindasit e tjerë, abetaret që hartonin i quanin thjeshtë; Këndonjëtorja e…çunave. Gjithsesi, libra për t'u kënduar. Zvëndësimi i foljes "lexoj" me foljen "këndoj" ose edhe barazvlefshmëria midis tyre, s'di pse të krijon një ndjenjë kënaqsie dhe mburjeje për diapazonin harmonik të konceptimeve në gjuhën tonë."

Së fundi duke parë dhe lexuar qartë diskursin në tërë aritmetikën e bollshme, plot 100 poezi të vëllimit "Guri i rëndë në vend të vet" ne gjëjmë filozofinë me të cilën rruga e poetit mbetet e hapur dhe e mirëpritur, si një këngë me jehonë magjike për vitet dhe brezat.

Diskursi i rezistencës në krijimtarinë e Minella Gjonit

Çuditërisht për njeriun, ky diskursi i rezistencës! Më së shumti për mësuesin, studiuesin, hulumtuesin, kthyesin dhe transmetuesin e çdo vlere të ardhur nga skutat shekullore në germa të arta për brezat, kohërat e shekujt në ikje, vijim e ardhje... Një magazinë e pashtershme vlerash nën këtë 'çudi' që mbetet fakt teksa formon diskursin e rezistencës. Dhe kjo s'është në fakt 'çudia', por është aroma e largët e viteve që pasojnë ndikimin e urtësisë dhe mençurisë tek Minella Gjoni. Aroma e Shën Vasilit, jo thjesht si një gjeografi apo histori e vendlindjes, por si një 'erë e asaj Shëvasie aq të dashur' për të cilën Robert Martiko shprehet "Kur vija në fshat nga Vlora, për hir të dashurisë që më shfaqnin prindërit apo paraardhësit tuaj të dashur më dukej ky vend si një shtet brenda shtetit... Ku nuk vepronte fare e ashtuquajtura Luftë e Klasave, apo ato forca negative që juve vetë ju shtrënguan për tu larguar nga ai fshat i mrekullueshëm apo Vend Perëndish" (Martiko, Blogspoti kushtuar fshatit Shën Vasil). Në këtë udhëtesë grishëse tundimi i 'çudisë' vyshket tej dhe ardhjet na diktojnë amshin e një kohe tjetër që nguli tek studiuesi Gjoni, atë fëmijëri "gishtëprerë në vllazëri gjaku, përballë vështrimit bekues të shënjtorëve nga ikonat" (Papagjoni, shënim për librin e autorit: "Se jam nga Bregdeti"). Kjo ndodhte dhe vinte në rritjen e saj graduale mes aromës tipike të Bregdetit sepse "ai është nga ata djem të Bregut, modest e këmbëngulës, që ka kontribute, jo thjesht si një ndër personalitetet e arsimit në trevën e Jugut e më gjerë si "Mësues i Merituar", por edhe për studimet e tij në rrafsh historik, folklorik, gjuhësor, gjithëheri për krahinën e Bregdetit" (ibid).

Me këtë rregëtim tipologjik të faktorit frymëzues në tërë aritmetikën e fateve, fakteve dhe materialeve, argumentave dhe dimensioneve, artikujve dhe konferencave, trajtesave e kumtesave të panumërta të Minella Gjonit, ajo që lidhet me librin është thjesht një dëshmi e strukur në qindra e qindra faqe që shënojnë libra të tillë si "Se jam nga Bregdeti" (rrjedhë historike), "Bregdeti dhe Ali Pashë Tepelena", "Studim dialektologjik dhe toponimik i Bregdetit të Poshtëm"; "Vendlindja jonë Shën Vasili"; "Shën Vasil fshat i dëgjuar", "Historia e shkollës Shënvasil", "Bregdeti dhe Europa" dhe "Xhelozi pleqërie".

Dhe ne, jemi gati pjesë e këtyre faqeve të shumta të librave të Gjonit, teksa aritmetika e tyre na përpin enkas "në histori betejash, emrash e kapetanësh të njohur, burrash të mençur, dijetarësh, klerikësh të lartë, vezirësh, administratorësh e hierarkësh autoritarë, ushtarësh, oficerësh e gjeneralësh që kanë shërbyer nëpër oborret mbretërore, filluar nga perandoria romake, Bizanti, epoka zulmëmadhe e Skënderbeut, mbretëria e Napolit, Spanja, Venediku, Stambolli, Austro-Hungaria, luftërat ruso-turke, Misolongji dhe revolucioni grek e gjer tutje në brigjet e Argjentinës dhe Amerikës së re" (Papagjoni, po aty). Por autori i dehur nga 'aroma' e hershme, nga trashëgimia ngacmuese dhe njohuria didakte nuk mbetet me kaq. Ai rrëmon e rrëmon deri në grimën e fundit për të kapërcyer shekuj e shekuj e për të sjellë fate dhe fakte të reja të diskursit të rezistencës, aq të vyer në një zonë-Perlë shqiptare të rrahur nga erozioni dhe agraviteti i historisë. Autori këtë shërbim nuk ia bën thjesht vetëm fushës me të cilën ai ndan jetën, por diskursi i tij i rezistencës është mjeti me të cilin qindra e qindra studentë të të gjitha niveleve, studiues e shkencëtarë, vendas e të huaj mund të kenë çelësin e mjaft arsyeve të kyçura me e pa qëllim. Jo më kot autorin e shohim në mjaft raste mes emrave më në zë të historiografisë shqiptare. Jo më kot! Ai është besnik në kërkimin dhe paraqitjen e tij dhe e sheh të pandarë pjesën e konsideruar nga tërësia e Europës, ndaj mëshon më së miri tek "Bregdeti dhe Europa". Jo më pak tek "Xhelozi pleqërie" ku rrëfimet e tij janë pjesë e këtij diskursi. Janë 34 tregime me ngjarje reale të ardhura brezash, por në një këndvështrim letrar e një dioprinë moderne. Ky libër është jo vetëm me individualitet të spikatur dhe me tematikë e stil të admirueshëm, por edhe me nivel të lartë si në përmbajtje edhe në formën e të shprehurit. Më tej diskursin e rezistencës e bën më të arsyeshëm vetë shtrirja kohore në disabrezash e këtyre rrëfimeve, që sjell edhe mentalitete e zbërthime të psikës së personazheve që vijnë si individualitete të pangatërrueshëm. Një rrëfim i zhdërvjellët, mes rrëfimit kronikan, letrar e gazetaresk bën që të lexohen me një frymë rrëfimet e librit më të fundit "Xhelozi pleqërie" të Minella Gjonit, por edhe shton më tej forcën e diskursit të rezistencës me të cilën studiuesi dhe hulumtuesi Gjoni dihat mes kohërave për kohërat.

Nga ana tjetër "Bregdeti dhe Europa" i autorit Minella Gjoni (Mësues i Merituar) është çelësi në morinë e shumë hyrjeve që historia u ka lënë shqiptarëve në sënduqe të heshtura kornizave dhe shtjellave lëmishkore. Historia e një treve si Bregdeti, me të veçantat e veta gjeografike, sociale e mitike, është parë në një këndvështrim të ri nga studiuesi Minella Gjoni. Tek "Bregdeti dhe Europa", kjo histori vjen e parë në raportet e hershme me Mbretërinë e Napolit e deri në ato me Francën e Egjyptin. Në libër analizohen marrëdhëniet e krahinës së Bregdetit me Papatin e Romës, më tej me Spanjën, apo me Venedikun, për të vijuar me Rusinë e Austrinë, me Turqinë e Greqinë, si dhe me Francën e me Egjyptin. Diskursi i rezistencës në këtë vepër është një pasim i dukshëm i veprave paraardhëse të autorit, edhe pse këtu ai është më i ndjeshëm dhe tejet transparent. Josif Papagjoni në njëfarë mënyre i parafrohet këtij diskursi kur citon "Ky fis kaonësh epirotë, shqiptarë me rrënjë ngulur thellë në shekuj, trima e atdhetarë të flakët, rrëmbyen vëmendjen e Bajronit duke i inspiruar atij ekstazën e njohur poetike tek "Çajld Harold"(Të bijt' e

Himarës që s'falin as mikun/ si mund ta lënë të gjallë armikun?!); gjithpo aq grishën penën e francezit Pukëvil, vlerësimet e konsullit anglez Lik, shkrimet e Edith Durhamit. Brigjeve të ashpra të kësaj krahine me Akrokeraunet (Mali i vetëtimave ku Zeusi godiste me shigjeta flakërimash), i është adresuar vetë Homeri tek "Odiseu" e më pas Virgjili" (ibid).

Për librin "…se jam nga Bregdeti – rrjedhë historike", të Minella Gjonit, Papagjoni është shpehur "Është e çuditëshme se si kjo krahinë, e djegur, e rrënuar dhe e shpopulluar dhunshëm nga luftrat, emigrimet, epidemitë shfarrosëse dhe fatkeqësitë natyrore disa herë, sërish është ringritur nga gjaku dhe kuja si Anteu, dhe sërish ka rilindur nga hiri dhe zjarret si zogu Fenix. U dyndën aty: romakë, gotë, vizigotë e ostrogotë, hunë e arabë, bullgarë e bizantë, normandë e venetikas, anzhuinë e turq, andartë grekë, fashistë italian e nazitë gjermanë; vranë, prenë, shkatërruan, dëbuan, dogjën (vetëm gjatë luftës civile midis legjioneve të Qesarit dhe Pompeut u dogjën 70 fshatra, Ali Pasha bëri kërdinë dhe i vuri zjarrin Bregut të poshtëm me ambicjet prej turkoshaku), - por njerëzit e saj hyjni patën tokën ku kishin lerë edhe etrit e tyre, besimin e patundur tek zoti dhe feja që kishin përqafuar, krenarinë për identitetin" (Papagjoni, po aty).

Mes këtyre pikasjeve të Papagjonit dhe mjaft thënieve e arsyeve të sjella në forma të tjera nga studiuesi Xhufi në komunikimet shkencore me autorin, po aq në vetë argumentet që vetë autori sjell për fate të pashkruara më parë, shihet qartë forca e diskursit të rezistencës që sqarom më tej se "Bregasit nuk kanë qenë shquar vetëm për nepsin e pashuar ndaj lirisë, por edhe për kulturën e jetesës e më gjerë. Kur gjithkund Shqipërisë flihej në rrogoz, piktori anglez Eduard Lir shprehte kënaqësinë që pat fjetur, në fshatrat e Bregut, në krevat me sustë dhe çarçafë të larë. Në fletët e librit lexuesi ndjen edhe etjen e përhershme të bregasve për dije, shkolla, kulturë. Të panumërt janë mësuesit, veprimtarët e kulturës, artistët, studiuesit: 65 profesorë e doktorë shkencash, 16 Mësues të

Popullit dhe Mësues të Merituar, 13 Artistë të Popullit dhe Artistë të Merituar, rreth 100 shkrimtarë e publicistë të njohur në rrafsh kombëtar" (ibid).

Ndërsa citojmë dhe marim në konsideratë veprën e Gjonit, të ndërlidhur me diskursin e rezistencës, duhet sqaruar se fjala 'rezistencë' me të cilën ne kumptojmë tërësinë e lidhjeve historike, nuk është thjesht arsyeja për mbijetesë, madje as edhe vetë nocioni i saj historik. Me këtë kontekst përfshihen të gjitha anët strukturore, kulturore, sociale dhe shkencore me të cilat format e diskursit formojnë vartësinë e rrjedhës së gjërave në histori, por edhe në kërkimin e fateve dhe fakteve që përcaktojnë vetë ato struktura. Le të konsiderojmë edhe fatin që një trevë e tillë, të cilën mjeshtërisht e dekodon për të gjithë lexuesit autori Gjoni, ka patur në shekuj, por edhe e konsideruar në emra konkretë të cilën përbëjnë krenari dhe lavdi për të. Në të njëjtën kohë vetë diskursi i rezistencës në këta emra gjen arsyen të flasë më qartë. Ata sipas gjetjeve të Papagjonit janë "Ashtu si galaktikat, ndrisin mes këtyre emrave opuset e njerëzve të shquar të penës, të mendjes e të fantazisë si Petro Marko, Spiro Çomora, Dhimitër Anagnosti, Robert Ndrenika, Diana Çuli, Odise Grillo, Anastas Kondo, Neço Muka, Lefter Çipa, Llambro Ruci, Aleks Çaçi, Spiro Gjikondi, Andrea Varfi, Myzafer Korkuti, Adriatik Kallulli, Miho Gjini, Spiro Shkurti, Sulejman Mato, Viktor Qurku, Ilirian Zhupa, Alqi Lepuri, Andon Qesari, Anastas Kristofori, Sheri Mita etj. Nga Bregdeti ishin Spiro Jorgo (Koleka), Xhorxh Tenet (ish shefi i CIA amerikane), Melina Mërkuri (ish ministre e kulturës së Greqisë), apo Spiro Koleka e Gogo Nushi, Stefan Papagjoni, Mantho Bala, Jorgo Milica e Myzafer Ahmati, Paskal Milo e Petro Koçi, luftëtar si Zaho Koka, Kozma Nushi, Vasil Laçi, Mitro Xhani, Persefoni Kokëdhima, portjeri i kombëtares Foto Strakosha, komentatori sportiv Valdimir Grillo, mjeku Besim Elezi, juristi Ismet Elezi, heroina Maro Konda që u hodh nga gremina për të mos rënë në duart e turqëve dhe i tërhoqi pas edhe ata vetë…" (ibid).

Pra shihet më së qarti vetëm edhe fakti i fundit i cituar i 'Maro Konda', mes të cilit diskursi i rezistencës forcon bindjen në këtë lidhje ku sedërtohet filozofia e studimeve të Minella Gjonit. Argumentet hulumtuese, faktet e ardhura nga qindra burime të besueshme, debati në heshtje me disa jo-argumentime të shfaqura, apo 'goditja' në heshtje shton më tej rëndësinë e leximit të Gjonit dhe cilësimin e studimeve dhe krijimeve të tij të besueshme dhe të qëndrueshme.

Për këtë le të rikthehemi paksa tek tregimi "Shpirti i nënës së një të cmenduri", tregim të cilin autori e vendos në rrjeshtin e "Xhelozi pleqërie". Aty gjejmë tipare të tilla rezistence dhe dashurie si "Një shtëpi e vjetër ndodhej në krye të fshatit"; "ngrehinë shkatarraqe"; "xhaketa e vjetër"; "I vetmi banor i mureve të rrëzuara ishte Moisiu, i sëmuri nga trutë – si e thërrisnin"; "gërmadhat e shtëpisë së gjyshit të vdekur"; "të ëmën e donte shumë"; "misërniken ia servirte e ëma"; "Mushkonjat atë verë kishin mbuluar dhenë"; "Moisiu i çmendur e kuptoi se e ëma ishte shumë sëmurë"; "dyshekun me kashtë"; "Loti i të çmendurit të kthjellët dhemb deri në shpirt"; "Me duar bënte sikur ia hiqte zjarrin nga balli, por prapë asaj trupi i digjej furrë"; "Se si do ta shëronte Moisiu të ëmën, një zot e dinte. Ç'bluante vallë truri i tij i kthjellët në çmenduri!? Ç'pjesë të shpirtit të tij do t'i falte ai së ëmës?" "Se si do ta shëronte Moisiu të ëmën, një zot e dinte. Ç'bluante vallë truri i tij i kthjellët në çmenduri!? Ç'pjesë të shpirtit të tij do t'i falte ai së ëmës?"; "Shikimin e hodh tutje, në grykat e Skotinisë së Zhulatit përkarshi. Duke picërruar sytë, mundi të dallonte së largu ca copa bore të ngrirë"; "mbushi thesin me dëborë të ngrirë"; "Ndjeu një lehtësim në shpirt"; "Unë do ta shëroj nënën. Unë do ta shëroj nënën"; "Nëna po ikte, po ikte duke pasë mbi ballë një copë bore, duke pasë mbi ballë një dorë dhembshurie, një copë sakrifice nga i biri i saj i çmendur. Në kthjelltësinë e çmendur, Moisiu e kuptoi që e ëma ndërroi jetë. Klithi, lebetiti e ulëriti mbi të ëmën. Përpiqej t'i hapte sytë, buzët. I donte shikimin, buzëqeshjen, por merrte veç ngurtësimin e trupit. E rrotullonte si për ta ngrohur, si për ta gjallëruar. Nuk e shkëpusnin dot nga trupi i së ëmës si për të ngelur përjetësisht aty, bashkë edhe përtej vdekjes..." etj.

Në qetësinë tonë më të madhe kuptojmë këtë përshkallëzim figuratik me tension, qëllim dhe dimension force. Lexojmë forcën dhe arsyen. Kuptojmë pra diskursin e rezistencës me të cilin edhe fjala 'i çmendur' dështon. Këtu qëndron forca e autorit edhe pse në këtë rast është tregim, rrëfenjë, fikshën.

Kur lexon Mërkurin e çmuar

Hapësirë për hyrje

Nuk është thjesht një 'stacion' i rastësishëm letrar. As edhe një ndalesë e rastit. Është fjala për 'ndalesën' e domosdoshme letrare tek krijimtaria e Timo Mërkurit. Krijimtaria e larmishme, e pasur dhe tejet domethënëse. Njohje me krijimtarinë e shqiptarit me vlera, Timo Mërkurit. Pra është në fakt një njohje e largët, por jo fizike. Thjesht një njohje me veprën e tij. Që kur e nisa projektin tim "Fjala e Lirë" vite e vite më parë, plot dhjetë tashmë në emigrim, dikush më pati përmendur këtë emër. Ma kishte kujtuar në Elbasan. Ishte një poete me emër në letrat shqipe. Ishte Beatriçja e "Harpa"-s, autorja e këtij vëllimi tipik poetik që më kishte cituar këtë krijues. Më vonë vinte rishtas dhe gati pjesë-pjesë e tërë krijimtaria e Mërkurit mes një poste tejet miqësore e dashamirëse të Agim Matos. Agim Mato do të zbulonte edhe një fakt tjetër: "Duke përfituar nga ky moment, po ju nis diçka nga krijuesi sarandiot Timo Mërkuri, i cili m'u lut tua postoja, pas bisedës me mikun tonë të përbashkët, Pandeli Koçi, me të cilin i ndamë bashkë shumë ditë në Sarandë." Pra ishte miku i mjaft krijuesve shqiptarë, i mirënjohuri Pandeli Koçi, allias Sazan Goliku. Dhe kështu Mato do të zgjerohej duke na shtuar "Edhe njëherë ju përshëndes me respekt e mirënjohje. Duket se kurioziteti im për t'u njohur me "Fjalën e Lirë" nuk ngeli kuriozitet sepse unë tashmë informohem rregullisht nga faqja e juaj dhe jam habitur kur në të gjej miq të mi të vjetër, të shpërndarë nëpër botë. Vizitoj shumë faqe të karakterit letrar që krijuesit shqiptarë që nga Amerika e deri në Itali e Greqi, kanë ngritur për mbijetesën e tyre kulturore. Faqja juaj është një magazinë që akumulon produkte të reja shpirtërore të një brezi   sqimtar dhe kjo e bën   të spikatur në këtë treg interesant."

Prognoza e leximit të Mërkurit

Vinte më pas mes postës së Matos krijimtaria e Mërkurit, vinte nga Saranda e largët, dremitësja e kaltër e bukurisë joniane nëpërmjet kokrizave digjitale, drejt e në zemër të metropolit britanik. Pastaj interesimi u shtua rreth tërë asaj krijimtarie, që kish lënë mbresat e saj që në fillim. Dhe unë kisha lexuar e botuar me radhë "Madhëria e saj- Kënga" ku çudia e këngës ishte vetë meseleja e oborrit. Kjo për gjetjen e Timos ishte vetë gjuha me të cilën ai gjente të magnetizonte më tepër "Ka mbetur nëpër biseda ndodhia e atij fshatari nga Dukati, i cili ishte ftuar në dasmën e mbretit Zog, si përfaqsues i fshatit apo si mik personal i tij, kjo s'dihet saktësisht. Por ajo që dihet është fakti se ai shkoi në dasëm, hëngri, piu e kёndoi, dha dhuratat e caktuara për këtë punë dhe të nesërmen në mëngjes, ndërsa priste t'i sillnin kafen e mëngjesit tek rrinte në sallon bashkë me dasmorë të tjerë, befas sheh të hyjë mbretëresha – nuse me tabaka plot me filxhane të mbushur me kafe, në duar. Çdo gjë e prisnin dasmorët, por që kafen e përcjelljes t'ua jepte vetë mbretëresha, këtë s'e kishin parashikuar..."

Imagjinoni dhimbjen e poetit

Imagjinoni dhimbjen e poetit. Imagjinoni! E ndarë në copëza. Grimëza të kripura rërе. Stërkalëza të akullta deti mes vapëri zhuritëse. Dallgë jete në tretjen poetike. Tretje tejet njerëzore. E gjitha nën varg. E gjitha mes vargut. Mes vargut të lirë. Të lirë jo vetëm nga forma, por edhe nga dimensioni artistik i fjalës. Vargu i poetit nga Saranda, Timo Mërkuri...Vargu që ndërtohet mes ndjenjës, arsyes dhe thirjes. Vargu që kumtohet larg qelqërisë së Lotit, larg dhimbjeve që prodhon gjeografia e Globit. Dhimbje që vijnë në të fundit ditë të javës. Të Shtunën

Biblike. Të Shtënën që shënon ditën e shënuar për të pushuar. Të shtunën tipike të poetit që sjell përjetimin, që shfaq "dëshpërimin/me detin në sy". Dëshpërimin që e ndjejmë, e përjetojmë, e dihasim, e transmetojmë me të gjitha format e shqisave. E mbajmë mend mbi të gjitha pas një leximi tërheqës. E shtrydhim në memorjen tonë kolektive. Në suazën e kaltër e të kripur Joniane...

Poeti është aty. Është me fjalën e tij. Na dikton 'Trishtimin e së shtunës'. Na e dikton me germa jo kapitale, na dikton me 'vogëlsinë e tyre' atë trishtim me të cilin lexohet e shtuna e asaj jave, atij muaji, atij viti, atij... Dhe kështu vetë hyrja në këtë poezi bëhet pjesë e jetëgjatësisë. E asaj jetëgjatësie të cilën vetë poezia e kërkon. E kërkon për të lajtmotivuar trishtimin që ai të mos ndodhë më, që ai të zhduket nga vendi në vargun e poetit, nga shpirti i trishtuar i tij: "E hidhur kjo e shtunë, shumë e hidhur/dhe e trishtuar ishte/gjer në dhimbje/kur i ulur në prag të vetmisë/i lodhur nga pritja".

Poetin Mërkuri 'e takuam' vetë këtë fundjavë mes vargut të tij. Ashtu të qetë, mes 'shpotisë' së tij tipike që zë vend edhe në vargun e lirë. E takuam jo vetëm me 'Trishtimi i së shtunës", por edhe me "Viti i hidhur"; "Kujtim nga Athina"; "Prolog tragjedie"; "Ndodhi" dhe "Në përcjellje". Dhe tërë dhimbjen e poetit e rilexuam në një itinerar gjeografik dhimbjesh përjetuese, që pikëtakojnë të gjashtë poezitë e tij. Të gjashtë poezitë e poetit që formojnë kohëjavën e dhimbjes. Të gjashtë poezitë e tij që parapërgatisin të Shtunën e trishtimit. E gjejmë 'duke më parë trishtueshëm nën qepallat e valëve/ku shkëlqenin stërkalat e lotëve'. E diktojmë 'Në sheshin Omonia a në sheshin e haresës'. E këmbejmë mes vargjeve fluturake të dhimbjes 'në prehërin e nënës' ku 'qante babain e vrarë'. E përlotim qenien tonë njerëzore bashkë me vargun e poetit kur 'kujtohet një vajzë e vogël nga qyteti im/në lagjen Kifisia, zbathur në shi". Sytë majisen kur "Një kukull vala nxori në breg/në djepin e ranishtes, të flerë gjumë/Por ajo loton e dot nuk flet/për një skaf të mbytur diku.". Dhe më se natyrshëm kafshojmë gjuhën e dhimbjes bashkë me vargun e poetit teksa "Një buzëmbrëmje dhjetori/në Ajo Anargjiro/një vajzë pesëmbëdhjetë vjeçe nga qyteti im/rinte ndanë trotuarit,/si një trëndafil i flakur./Binte borë, por ajo/veshur me minifund/me një buzëqeshje të arnuar mbi kozmetikë/kishte vapë/në këtë rrugë të Selanikut./Veç një pikë loti që i rodhi tradhëtisht/i theu konturet idilike të muzgut."

Dhe në përcjellje po ju lëmë vetë poetin me vargun e tij, ndihjen dhe thirjen e tij. Lexojeni qetë dhe harrojeni lotin! Harrojeni Lotin e trishtimit. Ai është larg jush. Ai ka sosur burimin dhe durimin e tij. Ai është larg. Është ngrohtë atje. Atje ka tapete. Ka karrige të lëvizshme. Ka zyra. Ka Burrrraaaa, ...madje me fytyrë shteti. Poezia e Timo Mërkurit është thjesht, vetëm thjesht, "Në përcjellje": "…Mund t'ju dhuroj akoma, sa pa ikur/disa guralecë deti të bardhë/që t'ju pëshpërisin netëve mijra dashuri./Dhe disa korale të kaltëra mund t'ju dhuroj/nxjerrë nga thellësia e shpirtit tim./Në qoftë se ju pëlqejnë këto pina/Ua fal menjëherë, e kam për kënaqsi/Vetëm ju lutem, mos pikturoni mbi to skafe./Skafet janë dhimbja e qytetit tim."

Prezantimi para lexuesit

Pastaj lexova dhe botova menjëherë atë që lidhej me këtë emër, me këtë krijues shqiptar që kërkonte vëmenjden e duhur. Pra kush ishte vetë ky autor: TIMO MËRKURI:
Lindur në 22.09.1955 në qytetin e Sarandës ku dhe mbaroi shkollën e mesme të përgjithëshme.U diplomua për Ekonomi Dega Financë-Kontabilitet në Institutin e Lartë Bujqësor në Kamëz në vitin 1978.Ka punuar në sistemin e Bujqesisë gjer në vitin 1991, në sistemin financiar e doganor gjer në vitin 1997 dhe me pas ne industrinë e naftës. Banon në qytetin e Sarandës dhe punon në qytetin e Gjirokastrës.
Ka botuar;
''Bulevardi i dhimbjes'' poezi 2001

"Loti i detit"   poezi   2003
"Klithma e pulebardhes"   Poezi   2004
"Anatomia e lotit "   Poezi   2008
"Poezi"   Poezi shqip-greqisht   2008
"Madhëria e saj –kënga isopolifonike"- sprovë   2007
"Shënjtëria e isos "   sprovë   2008
"Gjerdani i këputur"   përmbledhje me këngë,vaje e bejte pilurjote 2005
"Te lisat në Shënkoll"   përmbledhje me këngë,vaje e bejte pilurjote 2005
"Iso...more djema"   përmbledhje me këngë,vaje e bejte pilurjote 2005". Ky ishte autori që më kishte dhënë sinjalin e detyruar të ndalesës në stacionin e tij të vruullshëm e të begatë letrar.

Kërkimi për ta detajuar

Dhe në këtë stacion letrar më pas do të vinin në ndjesinë time studiuese edhe shënimet e Agim Matos që përcillnin këtë krijimtari që vinte e bëhej përditë e më interesante: "Nuk e di ti, o Farmir, që pilurjotët e Himarës, bijtë e Këmbëcjapit, pra të Panit të lashtë mitologjik, janë shumë këmbëngulës. Kur pa se mori një kala, tha t'i marr të gjitha. Eh, më la nja tetë a nëntë kapituj për iso polifoninë dhe unë po t'i nis një e nga një, pa e ditur se cila është e para dhe cila është e fundit. Unë mendoj se përfytyrimi që ka ai si poet për të hulumtuar në këtë rrafsh të kulturës popullore, është një risi që ka brënda edhe informacionin edhe deduksionin, pa u futur nëpër pyllin terminologjik për të të mbushur mëndjen.
Këto ditë mund t'ju nis edhe një cikël me poezi, dy prej të cilave, siç më tha Pandi, mund ti përfshini në antologjinë e shpallur kundrejt të gjitha detyrimeve, ose... përjashtimeve."
Dhe menjëherë më erdhi një nga esetë më të bukura të Mërkurit, "Ecja e këngës nëpër vite", ajo ese që më vonë do të më shtynte të hulumtoja më shumë edhe për Neço Mukon.

Gjuha dhe ngulmi studiues i Mërkurit më forconte bindjen se ishte një studues dhe njëhës i mirëfilltë teksa lexoja prej tij: "Kënga iso-polifonike është një organizëm i gjallë që ecën,ndryshon e ritet nëpër vite ashtu si fëmija.Por ndërsa fëmija rritet nga të ushqyerit dhe përkujdesja e nënës, kënga ka nevojë për më shumë se kaqë.Duke qënë e madhe vetë,duhen viganë që ta marin përdore, ta ushqejnë e ta ritin duke e bërë të aftë t'i rezistojë kohës dhe zhvillimeve të saj." Sipas Mërkurit "Treva e Bregdetit dhe e Labërise, duke qënë djepi ku u përkund dhe u rit kënga iso-polifonike gjer në atë stad sa filloi të quhej thjeshtë ''këngë labe'', kishte pothuaj të njëjtin ritëm të kënduari, gati gati edhe të njëjtën melodi aqë sa të dukej se këndohej njësoj në të gjithë fshatrat, ndonëse me tekste të ndryshme." Dhe më tej mësoja edhe sekretin se "Sado bukur të këndohej, krijohej një monotoni melodike e cila dalngadalë filloi tu vriste veshin njerëzve, qoftë dëgjuesve qoftë edhe vetë këngëtarëve. Pikërisht në këtë kohë doli në skenë Neço Muko Himarjoti i cili falë dhuntisë së tij natyrore dhe dashurise së tij për këngën,bëri hapin e madh te kënga labe,duke shkëputur prej saj këngën himarjote." Dhe për Timo Mërkurin "Të këndosh këngë labçe nuk është e lehtë,por të këndosh këngë himarjote duhet të keshë dy palë mushkëri.Aqë e vështirë është isua në këtë këngë. Teknika e përdorur nga Neço Muko tani është e njohur;dhënia e një funksioni të ri të hedhësit të kësaj kënge dhe forcimit të isos. Falë kësaj teknike si dhe mjeshtërisë të këngëtarëve Neço Muko, Andrea Bala, Koço Çakalli, Pano Kokaveshi etj kënga himarjote dallohej në të gjithë trevën e Himarës dhe të Labërisë. Ajo me të drejtë mund të quhej ''Margaritari i Kurorës Iso-Polifonike''.

Vrulli krijues dhe 'çelësi magjik'

Kështu teksa Timo Mërkuri e cilësonte këngën në konsideratë "Margaritari i Kurorës Iso-Polifonike" padyshim nuk ishte më habi të gjeje vetë atë margaritar që i ngjizej tërë atij vrulli krijues nën firmën Mërkuri. Ishte vërtet "Mërkuri i Çmuar" shqiptar që vlente aq shumë, por që ishte lënë disi në haresën 'kulturore' tipike alla shqiptare. Por, jo fare. Timo Mërkuri është vlerësuar e vlerësohet çdo ditë, nga ata që kanë zell krijimtarinë, që kanë ngjizje me tërë hovin jetik të saj. Bardhyl Maliqi shkruan për Timon: "Poeti Timo Merkuri, njëherësh edhe mbledhës e studiues i folklorit, bëhet me vetëdije dhe tërharës vlerash, pasi di të qëmtojë arritjet cilësore dhe t'i respektojë orakujt-poetë në tempujt e vet."

Pra Timo Mërkuri është çelësi magjik që i ka hapur lexuesit porta të arta kulturore me esse të tilla si "Prishësit e këngës"; "Si erdhi kënga nga vajtimi" ; "Shënjtëria e valles"; "Të heqim vallen e rrëndë".

Poezia çatia e krijuesit

Por jo vetëm kaq. Ai është krijuesi që ka ndërtuar pemën e tij krijuese letrare me një sërë krijimesh të tjera. Poezia e tij është 'stacioni'tjetër që të bën të ndjehesh në kohën, vendin dhe hapësirën e duhur. Është një poezi që mbart tërë dimensionin shpirtëror të poetit mes të cilit jeta, suazat e saj dhe madhëria tejçuese e hapësirës jetike mbartin koloritin tipik sa jonian aq edhe Mërkurian. Timo Merkuri tek poezi të tilla si "Dhimbja" sjell për lexuesin pikërisht atë tejçim jetik që gjen hapësirën qytetëse si tektonikë filozofike e vargut: "Dhimbja është banore e qytetit tim,/në lagjen time e ka shtëpinë,/në jetën tonë hyri pa trokitur./Oh, ç'bujtëse e përzishme, e zymtë./Tani bisedat na ngjajnë me përshpirtje/dhe lulet në ballkon kanë aromë thimjani./Po kur do të ikë prapë në punë të saj/e trëndafili të bjerë era dashuri." Po kështu procesi metafizik i dhimbjes që shndërrohet në identitet (Benbasa, 2009:23), ka kategorizuar krijimtarinë letrare në momente kyçe. Këto momente për Mërkurin janë shprehur qartë tej poezia "Bulevardi i dhimbjes" që lexohet si një rast unik i poezisë qytetëse: "Unë nuk mund të shëtis/në bulevardin "1 Maji" në

Sarandë/ku dielli shkëlqen ftohtë/si një pllakë përkujtimore/dhe neonet ndrijnë mbi qepallat e mbrëmjes/si lotët në sytë e nënës së Hysen Açakos./Në këtë Bulevard,/ ku në skaj të pranverës/kortezhit të luleve u prijnë dy pëllumba të gurtë/që kanë parcelizuar jetën në trembëdhjetë vjet/këtu dhimbja ka një emër fëmije/dhe vdekja ka emrin shtet." Sakaq kujtesa e memorjes përpos kësaj dhimjeje vjen siapas psikoanalizës frojdiane në një kënd të detajuar, skicuar dhe prognozuar qetë. Vjen tek poezia "Përkujtimore" dhe citohet si një moral tipik njerëzor që vjen me tërë dimensionin poetik më të arirë dhe figuracionin perfekt: "Sa të pikëlluara janë përkujtimoret/ndanë rrugëve. Sa të pikëlluara/e të zymta. Si policë në kohë shtetrrethimi/që të ftohin zemrën/e të thonë në çdo çast:/Këtej kaloi vdekja, ndalohet gëzimi!/Pranë tyre njerëzit ecin ngadalë/e të heshtur. Sikur shkelin mbi plagë/të pambyllura. Sikur zgjojnë dhimbjet/te buzëqeshja e murosur/në porcelan, që dëshmon/se lumturisë i janë mbyllur shumë shtigje./Përkujtimoret ndanë rrugëve,/si qirinj të porsandezur në një varrezë./Para tyre ditët tona kalojnë si kortezh."

Proceset filozofike të jetës natyrshëm kanë lidhjen e vet në poezinë e Mërkurit. Është bukuria femërore që vjen mes zbrazëtisë Derridiane dhe kapërcen pragjet urtore duke na dhënë simbolikën e përhumbjes me shpresën e natyrales që nusëron, simbolikës e lules. Poezia "Vajzat kanë mërguar" është dyfish kuptimplote në këtë pikë: "... e te pragu i shtëpisë sime/një trëndafil i bardhë nusëron./Mëngjeseve kur nisem për rrugë/më përcjell me dënesa e lot./E diç më thotë mes psherëtimave./Por unë s'mund ta këpus/se s'kam kujt t'ia dhuroj."

Le të shohim paksa më të detajuar poezinë "Shtëpia e refugjatit të humbur". Autori thekson mes vargut të tij vendin duke e ripërsëritur atë "Është një shtëpi aty në Jug", pastaj detajon dimensionet e saj "e vogël. Si shtëpia e kukullës" duke argumentuar kështu mes teorisë brilante të Deleuze për hapësirën dhe vendin. Vendi është domethënës. Është në Jug. Është aty ku plaga godet shekujsh. Është aty ku kjo shtëpi e humbur ka moralin, dhe tërë amoralitetin që e rrethon. Ka tërë atë strukturë që e detyron të humbasë. Ajo përshkruhet: "Me dritaret mbuluar nga qerpikët e pjergullës/e me manin te pragu,/që iu thanë pëllëmbët e gjetheve në degë/pa e thënë urimin "Mirëseerdhe, bir"./Është një shtëpi aty në Jug,/e heshtur. Si një plakë e braktisur./E një vijë uji që kalon te pragu, si vija e fatit/në një pellg, në pëllëmbë të oborrit mbledh gjithë yjet./por nuk ia zbardh dot ditët vetmisë./O, kjo shtëpi e vogël në Jug,/si një pikë loti nën qepallë,/është nga pak shtëpia e ne të gjithëve." Është kjo shtëpi pra që i jep tërë vargut të saj dimensionet e 'catisë' simbolike të krijuesit tashmë me emër, Mërkuri. Është më pas nën këtë çati gjithë struktura e figuracionit sintaksor, që modelohet tek poezi të tilla si "Çast": "Bunacë e lehtë/dhe një shi që rigon./Është vjeshtë vërtet/apo vendlindja ime,/me shaminë e natës ulur mbi ballë, vajton."

Dhe duke përfunduar po sjell poezinë e këtij autori me një temë shumë sublime "Kostandini". Ndërsa autori sjell filozofinë e tij mes vargjeve të tilla si "Kostandini është nisur të sjellë Doruntinën,/motrën, që s'i erdhi në nëntë morte/se i shoqi e kishte nxjerrë trotuareve prostitutë./Patjetër do ta sjellë. Ndaj e braktisi varrin/që nëna të mos qajë të gjallë për të vdekurit/e të mos mallkojë të vdekurit për të gjallët/që rrojnë me turp.", ne me plot gojë themi se Mërkuri e kishte prurë të shtrenjtën e tij "Mërkurin e çmuar" kohë më parë se ne ta pikasnim, por tashmë ajo prurje duhet tejçuar me kujdesin më të madh aty ku i takon. Pikërisht në këndin e 'poezisë' së fildishtë me aromë joniane.

Kur arti i fjalës fle i qetë në shtratin e artë të Këngës

Kënga dhe poezia, vargu dhe ritmi, melodia dhe asonanca, e përditshmja dhe udhëjeta janë thuajse bashkëudhëtaret e qeta e të tërthorta të jetëkëngës së poetes shqiptare, Katerina T. Kulo. E gjithë kjo dialektikë jete është më tej një retorikë që vjen rishtas mes vargut. Në fakt është retorika me të cilën linçohet vetë jeta në këngë. Është retorika që përgjigjen e ka në shpirtpoetikë. Retorika e saj ka një ndjesi të fuqishme edhe mes vetë titullit në kopertinën e vëllimit të saj poetik 'A zbrazet shpirti nga kënga?' E fuqishme ndjehet kjo retorikë, teksa poezia e Katerinës është vetë sofra popullore, vetë tabani, legjendat në këtë truall, vetë buka e përditësisë me të cilën ushqehet shpirti i poetes. Poezia e saj është krijimtari popullore dhe si e tillë, herë si vjershë lirike, që sipas natyrës së tyre kanë edhe si nënlloje këngët, por edhe vetë brumin me të cilin shpirti poetik kthehet e çimentohet mes këngës. Poezi të tilla si 'Tre Nëntorë në palë flamuri'; 'Moj Saranda shkallë-shkallë, lart mal e poshtë shkallë' janë vetë ritmi shpirtëror i jetës' janë vetë brumi i këngës më të zëshme e të fuqishme shqiptare, zëri dhe moria e grimave zanore që forcojnë përditë e më shumë artin e florrinjtë të polifonisë shqiptare.

Kapakët e vëllimit poetik 'A zbrazet shpirti nga kënga? të poetes Kulo janë në fakt të hollë, të thjeshtë, me kombinacion ngjyrash, me larmi e kolorit baritor, me nyjësi e gjelbërim, me kaltërsi e stinëllojshmëri, me portret të skalitur e të stolisur në muzën e folkut tipik shqiptar, por nuk janë vetëm kaq, janë sepeta të lashta e të lashta, me sfumim të thershëm severgjeni, që shpalosen lehtas por ndjeshëm në mesin e 'brumit' më të fortë të gatimit, në mesin më të konkurueshëm të artit të fjalës që forcon vetë këngën. Shpirtkënga, në se ne do të mundoheshim ta ristrukturonim, poezinë e Katerinës, natyrshëm na shpie ngadalë e ngadalë në ritmin e ritmikën e fuqishme të vetë gjuhës me të cilën ajo art-komunikon. A nuk janë të tilla poezi-këngët e këtij vëllimi: 'Violina do të këndojë'; 'Ç'nur i bukur të ka rënë', 'Ju flet Saranda' etj?

Si radhë në krijimtarinë shqiptare mpleksen e gërshetohen kaq bukur historia, gjeografia, filozofia dhe mjaft elementë të tjerë që formojnë mesazhin kohëjetik tek vargu e pragvargu shpirtfrymëzuar në poezi. Dhe sikur të mos mjaftojë 'Kështjella në flamur' me të cilën transmetohet jo vetëm metafora e fuqishme, por edhe tërë kjo ndërlidhje tipike vargore, poetja dhe këngëtarja e shquar e polifonisë së grupit me emër, tashmë edhe mbarëkombëtar "Jonianët", Katerina T. Kulo, na sinkronizon 'lisin' 'me degë të rënda' e me 'rrënjët thellë në gur' për të na plotësuar forcën historike të ekzistencës: 'u ktheve legjend' e madhe/shtatëdhjetë tanke për një kullë'. Përmbri legjendës së gjallë e të lartësuar mes vargut të saj të Adem Jasharit, është një rrugë e gjatë që nis nga 'gjak i Zef Koshares' dhe udhëton ndjeshëm pranë ' Mic Sokolit' e Azem Galicës së gjallë ashtu si vetë poetja e cilëson 'si kështjella e Argjiros/atje në Shkodër, Rozafa,/edhe Kulla e Jasharëve,/vjen në këngë e balada'.

Si radhë në krijimtarinë shqiptare vjen një forcë kaq komplekse që vetë 'gatuan' artin e fjalës dhe vetë e 'mbjell' e 'korr' në fushën e pasur e të bollshme të artit të fjalës. Është kjo bijë e denjë shqiptare që ka mbi supe vitet e arta të shkollimit në vendlindje dhe ato të "Asim Zeneli"-t në Gjirokastër, por edhe ato të filozofisë në Tiranë e ato të Gjuhë dhe Letërsisë shqipe në Universitetin "Eqrem Çabej" të Gjirokastrës. Jo vetëm kaq ajo është vetë lidhja jetike me natyrën, fati ynë i madh që të kemi magjinë e gjallë të këngës polifonike në mesin tonë dhe të mijëra e mijëra të tjerëve që i përkulen me nder shenjtërisë së saj në Këngë dhe Varg.

Poezia kushtuar poetit të grupit Muço Muho, 'Jo mor jo, nuk vdes poeti' nis me këto fjalë zemre: "këto fjalë zemre,/jan' për Muçon tonë,/Poeti i Jonianëve,/Mbeti për gjithmonë!/Këndove Sarandën,/dëshmorët me radhë/o moj gjysmë e hënës/Bukovilë e shkallë/ ti gjithmonë na thoshe/Amanet ke lënë:/Në vdeksha, o shokë/përcillmëni me këngë...". Ndërsa përkushtimi tjetër mes poezisë "Këngës tënde vetë ia ktheve" është për Petrit Metushin me halle: "Se ti je palc' e gurit/atje, në Vergo në djepe/të rriti nëna me bejte...". Aty ng fundi vargu i kësaj poezie përjetëson vetë atë timbër të zjarrtë që jep forca interpretuese e Polifonisë: "Buza të dridhet tek kënga,/syri tek vargu mbiu,/i këndove Shqipërisë,/që nga Jugu tek Veriu!"

Gjuha e fotografisë

Shkas, jo thjesht si i tillë, motivi i një fotoje të publikuar nga poeti i mirrënjohur shqiptar, Agim Mato. Jo thjesht kjo foto që pa dritën e saj bardh e zi këtu e njëzetë e pesë vjet më parë. As edhe dritëhijet e asaj kohe me të cilën kjo foto doli në jetë. Diçka tjetër më bëri të ndalem. Një kujtesë për gjuhëne fotografisë. Gjuhën me të cilën Roland Barthes, ndërtoi tek Camera Luçida (Kamera Luçida, metaforën akademike që jeton edhe sot e kësaj, gjuhën që jep dhe merr në komunikimin me njeriun në kohë, hapësirë dhe vend. Le të shohim pak detajet me të cilat kjo gjuhë, kjo foto na flet edhe ne të cilët nuk njohim kënd në këtë hapësirë. Le të diktojmë detajet e gjuhës së saj.

Janë thuajse njësetë e gjashtë protagonistë. Janë protagonistë të të dy gjinive. Janë në skenë. Janë dhe paraqiten të veshur jo rëndom, por me gjuhën tipike të një fotoje për kohën që e prodhoi. Nga pas është një sfond tipologjik. Gërshetohet pamja e sfiduar e dritës së një motiv-dritareje, që në këtë rast tipizon me tërë mrekullinë që prodhon perdja gjëm dekorative. Nëse nuk do të kishim një ndërhyrje në mesazhin e parë nga Nevila Demi Vera, ne natyrisht nuk do të dinim mbi disa që janë protagonsitë në këtë foto: Bikja, Lefteri, Thomai, Tana, Illua, Hakiu, Pellumbi, Teli, Theofili, llaqi, Kasjania, Kostaqi, Vangjua, Lida, Miçua,...... Nuk do të ishim të interesuar më tej për ta, por do të dinim thjesht se kjo foto flet edhe pas njëzetë vjetësh nga lindja e saj, flet me një moshë që përqason ndryshimet sociale, asfiksitë e sfumimet kulturore, qetëson disi shpirtrat që e perceptojnë atë. Pra flet me të gjithë. Flet dhe flet bukur. Flet ashtu siç flasin aq bukur edhe me dhjetra e dhjetra foto të tjera që 'thesari' kulturor Mato ia falë përshpirtjeve kulturore të identitetit.

Identiteti kulturor, le të ndalemi paksa këtu. Fotografia është shumë e hershme në Shqipëri, por vetëm shumë vonë u bë e mundur të shpreheshin ide duke përdorur këtë mjet të mrekullueshëm, pasi niveli i ulët i jetesës, sundimi otoman e më pas shteti totalitar nuk lejonin të përdorje aparatin fotografik për të bërë fotografi, siç mund t'i quajmë ndryshe, 'të lira'. Mund të tingëllojë absurde thënia 'fotografi e lirë', pasi është njëlloj si të thuash 'të kesh të drejtë të shohësh'. Po nuk kanë qenë, nuk janë të rralla rastet kur vështrimi dhunohet, kur mohohet e drejta për të parë sipas dëshirës.

Në këtë rast fotografia është jo thjesht një kujtim, një rast i shënuar apo një memorje retrospektive. Ajo bashkëjeton dhe flet me gjuhën e saj, falë shpirtit artistik të kalibrit Mato. Flet nga bregu ku Mato ka kalitur jetën e tij për një identitet të mirëfilltë kulturor. Faleminderit për gjuhën e fotografisë. Mirrënjohje për kënaqësinë e falur...

Mes dritë-hijeve që krijojnë brazdat e kohës

Romani më i ri i shkrimtares Vilhelme Vranari Haxhiraj është *"Ankthi i së vërtetës"*. *"Ankthi i së vërtetës"* është vërtet 'ankth'. Një ankth që vjen tek lexuesi mes poreve të gurta të jetësisë dhe ngjeshet brenda dritë-hijeve të tyre si një gangrenë që prodhon të padukshmen dhe të patundshem e rrezikshme. *"Ankthi i së vërtetës"* është pushtet, është meskinitet, është perifrazim, por është edhe asfiksi. Është vërtet *"Ankthi i së vërtetës"* që në trokitjen e hapjes së autores alarmon: *"Sa shtrenjtë kushton heshtja vallë?"*

Në këtë heshtje është 'askushi' ajo qenie pa identitet. Ajo qenie me fuqi që bëhet gjykatës, ajo qenie që shemb e strukturon sipas shijes së athët të jetës. Ajo qenie që struket mes heshtjes dhe ndërton kala të madhe me bedena vuajtjesh dhe grimash njerëzore. Në këtë sfumim gjërash *"Ankthi i së vërtetës"* është vetë morali që ndërtohet në labirinthe të tretshme mes vetë ankthit rrënues. Ky ankth rrënues është në fillimet e demokracisë, por ai sapo ka nisur udhën e tij mes 'të tjerëve', atyre që tashmë janë vetë mbushësia e kësaj ankth-jete: "Të tjerët ishin qeveritarë, politikanë ose tregtarë, shumica e të cilëve sapo kishin nisur karrierën politike apo administrative". Janë këta 'të tjerë' që sapo kanë nisur të ndërtojnë brendinë e ankthit. Por vetë ata janë larg ankthit, janë larg e shumë larg atij..., se ata janë zyra, vula vetë, po aq edhe doganierët e uniformat e shtetit. Ata janë vërtet të tjerët. Janë ... 'të therrët'! Të therrët në ecje, të tillë në paraqitje. Kanë lindur të bëhen ndryshe. Ndryshe në hapjen e re demokratike. Dhe pjesa tjetër është në vëzhgim. Në atë sykapje që kërkon mes makthit dhe ankthit: "Si në lajthitje e sipër padashur pyet : *Jam apo nuk jam unë? Kam këtë kombësi apo mos aksidentalisht jam jashtëtokësor?!"* Ndërsa ndjen peshën e rëndë të presionit, dhunës psikologjike, denigrimit, keqtrajtimit, të duket vetja një zero, një inekzistentë. Në këtë kohë vë duart në kokë dhe këlthet: *"Të gjorët ne! Jemi aq të papërfillshëm nga të tjerët, sa dyshojnë edhe në identitetin tonë. Mjerë ne, të mjerët! Jemi komb i vogël. Ndaj shtetet e tjerë na trajtojnë sikur vijmë nga hiçi ...Thonë se edhe ne do të hyjmë në rrugën e zhvillimit, nën siglën e njehsimit të kombeve nga pikpamja e të drejtave dhe lirive. A mund të ndodhë një gjë e tillë, kur secili komb ka fizionomin e vet?!"*

Dhe vërtet më pas 'ankthi' prodhon kreshendon e vet. Atë kreshendo që përtypet nën dhëmbë e që stilohet në tru. Kërkohet si në rolin e një hulumtuesi në atë hapësirë për të përlogaritur çdo hap, çdo detaj, çdo ngjyrë, ku sundojnë larushitë e natyrës, çdo trokamë ku vetëm ajo e identitet-humburit rrëshqet si slitë akulli mes asaj vape të tretshme trupore. Është një tundim i gjallë. Një tundim që rrënkon me fatin e prodhuar nga *"Ankthi i së vërtetës"*.

"Ankthi i së vërtetës" është moduli më i nevojshëm i prozës për ditët që pasojmë. Është vetë moduli që bashkon tërësinë tonë në katër cepat e botës. Është ai modul që i afrohet gjithënjeriut me e pa identitet të lexoj fatin e tij në tri kohë. Në tri kohë që flasin e heshtin njëherazi. Në tri kohë që kapërcejnë edhe hapësirën e qiellin..., vërtet deri në skajshmëri!

Kjo skajshmëri herë diktohet herë filozofohet. Herë renditet në dritë-hijësi argumentesh e herë struket nën vetë kumtin e heshtjes që kërkon me ngut garancinë e *"studimit të tipave"*. Këta tipa që janë dhe mbeten produkt i një kohëbote tjetër në udhë të krisura me mendje të acarta. Dhe e acarta nuk vonon. Ajo vjen në kohën dhe vendin e duhur, me dimensionin e njëriut në moshën e tri kohëve: "I moshuari, ndryshonte shumë nga i riu. I veshur elegant dhe me atë qëndrimin e tij të ftohtë me këdo, me siguri që krijonte një farë ndarjeje, e cila vihej re në distancën që shihej mes tyre. Ndryshimi dukej me lehtësi në paraqitjen e jashtme, në sjelljen dhe veçanërisht në psikologjinë e secilit." Dhe është mosha e tretë, ajo që formon të padukshmen në persiatjen e njeriut vëzhgues. Është vetë mosha që udhëton dhe ka pikëtakim me të tjerët. Ndoshta jo me ata që vinin në atë karvan të gjatë hallesh të njëjta, por në atë karvan me dritë-hije të padukshme. Dritë-hije që takohen e mbesin vetëm produkt i kalbësisë, produkt i tokës në errozion. Në këtë erozion janë edhe pyetjet që vrasin, edhe pse heshtin e nuk flasin: "Lëvizjet e tij ishin të ngathta dhe të drojtura. Tek ai vihej re një heshtje prej varri. Përse vallë?! Ç'mendime i gëlonin në mendje? Përse dukej aq në kundërshtim me veteveten, sidomos me paraqitjen e jashtme? Përgjigjet e pyetjeve të bëra rreth personit të tij do të ngeleshin memece. Tek ajo heshtje e zymtë fshihej mundimi, vuajtja dhe e vërteta, të cilën njeriu e merr me vete kur vdes. Kërkon ta mbajë të varrosur nën tokë. Banesa e përjetshme i do të fshehtat të gjitha për vete."

Por e gurta bën të vetën. Ajo mes ngurtësisë së saj, forcës së materies, forcës së vetë gurit qartësohet lehtë e lehtë: "Asgjë...Kur ai arrin në përfundimin se ka jetuar hiçin, pyet veten:" *Nëse vërtet kjo kohë që kam kaluar e ka emrin "jetë", si ka qenë ajo?! Kam pasur apo s'kam pasur synime? Nëse po, cilat kanë qenë? A i kam arritur vallë ato që kam dashur më shumë?" Së fundi duke mos gjetur asgjë me vlerë në jetën e vet, pa kërkuar më shumë nga vetja, i pëlqen ta lërë pas krahëve të shkuarën, duke dihatur të sotmen dhe pa pyetur për të nesërmen."- kjo ishte përshtypja që më la ky njeri i ngurtë si guri."*

Romani i shkrimtares Vilhelme Vranari Haxhiraj përmban rreth 120 citime dialoge dhe monologe tejet filozofike nga karakter-folësit që krijojnë identitetin e tyre të heshtur në tërësinë e faqeve të tij. Tendenca mbizotëruese në kurën moderne të gjuhës që përdorin ata është jo ajo tradicionalja e margjinalizuar mes dëshirave apo kushteve të përcaktuara të këtyre folësve por gjuha e krijuar mes thjeshtësisë dhe mes një logjikë-praktike që vetë ata përfaqësojnë (disa herë përfaqësohen në narrativin e autores). Pra ata janë të konsideruar si lapidarë gjuhësorë dhe letrarë, dhe citimet e tyre letrare, ndërsa prezantohen për lexuesin, më tej rinjihen si ndikime trajtuese dhe diskrete nga ato të tjerat, që në mjaft romane vijnë të 'rënda' në dialogje, monologje të gjata, apo edhe në korniza të hapërdara mes vetë narrativit. Romani i shtron 'sfidat' me këtë këndvështrim duke u fokusuar në pyetjen e mëposhtme: Deri në çfarë mase mund të merret si vlerë e cituar një karakter-fiktiv folës në roman, kur dihet e thuhet nga vetë autorja se ka një identitet të veçantë, por edhe të debatuar në formacionin e ankthit?

Dhe natyrshëm mes ankthit si një kundrinë që rreket të definojë paksa argumentin e shtruar vjen "Trishtim?!"."Trishtim?!" në roman, mes shoqërisë së pikëpyetjes dhe pikëçuditjes është vetë gangrena e heshtjes për një përgjigje të nxituar. Shkrimtarja na dikton udhëtimin në kohë tjetër dhe hap disi një hapësirë për të riargumentuar, teksa njeriu i kohës së mekur, që ndërtonte vetë me forcat e tij socializmin kishte fat-trupin e tij 'identitet' mes qyngjeve: "- Ne ndërtojmë socializmin. Vendi ynë ka vetëm fitore dhe jo humbje apo viktima. Vetëm këta trupa që shihni këtu, gjeti policia në vendin e aksidentit. Kjo ndodhi për faj të shoferit, të cilin e pret qyngja. Nëse nuk di ta përshkojë atë, atje le t'i dalë shpirti, në shtëpi pa qira. Kjo është politika e Partisë sonë bujare. Këta fatkeq do të mjekohen falas nga shteti dhe do të shkojnë në shtëpitë e tyre si kokrra e mollës. Në vendet kapitaliste do t'i kishin lënë në mëshirën e fatit. Pa paguar shërbimin shëndetësor, me siguri do t'i kishin lënë të vdisnin në mes të rrugës. "-ishin fjalët e rrobalarëses së kirurgjisë që mbajti atë ligjëratë fare pa arsye dhe pa vend. Më vonë mësova se ishte sekretare e organizatës bazë të partisë në pavion.

-Pse në qyngje?!

-Bir, kështu quhet vendi ku nuk ke të drejtë të dalësh prej andej, pa të ta bërë kurrizin më të butë se barkun. Qelia e burgut i ngjan qyngjes se është e ngushtë sa një arkivol, ku nuk lëviz dot as djathtas as majtas. Madje nuk mund të ulesh as galuç. Kush nuk ka vullnet për ta përballuar, del me këmbët bigë prej andej."

Kështu udhëtimi në kohë, hapësirë e vend na sjell e na risjell fate të ndryshme, me e pa idnetitet duke menduar fortë në atë që dihet e lexohet qartë mes faqeve të romanit:

"Qenka dogmë thënia e partisë, se njeriu është 'kapital i paçmuar'...Nuk e kuptoj, më çudit qëndrimi i kryetarit të Degës. Epo dheu nuk e përpiu Nikolinin. Unë jam gruaja e tij, dyshoj se mos është arratisur. Kurse ai që ruan rendin dhe qetësinë, që kujdeset për të mos u shtrembëruar vija marksiste e partisë, nuk e vë ujin në zjarr. Zhduket një njeri dhe nuk di gjë? Ç'është ky zhvlerësim? O Zot, ndoshta nuk është arratisur, sepse të gjithë me soje sorollop do të na shpallin armiq, do të jemi të padëshiruar për partinë dhe shtetin. E ç'faj kanë fëmijët e mi që të shpallen armiq klase, se i iku mendja të atit?! Kush e di se ku do të na syrgjynosin. Do të na internojnë nëpër kampet e izolimit, në këneta apo në zona të thella. Pastaj do të na duhet të paraqitemi tri herë në ditë te oficeri i policisë, apo i plotfuqishmi. Mjerë fëmijët e mi! Paskeni qenë të pafat, more të mjerë?! "-mendoja më të keqen dhe gati vrapoja pa qenë në vete, si e çmendur.

Këtë udhëtim e ndjen nëpër faqet të romanit mes ankthit për të vërtetën mes një mori elementësh nga më tërheqëset dhe më të arriturat, me një gjuhë të qashtër e mjaft fine. Mjafton të citosh një fakt "Krimi nuk kryhet vetëm me plumb. Ai më vrau pa e përdorur pushkën. Tashmë jam viktima e tij..." kupton qartë forcën me të cilën autorja paraqet këtë gjuhë të hapur në mjaft dimensione kulturash. Dimensione që do ta mirëprisnin mjaft mirë këtë roman.

Ja, pse pra udha e projektuar nga *"Ankthi i së vërtetës"* është udha globale e prozës, udha që kalon kufij të leximit dhe kërkon tokën dhe gjuhën tjetër, gjuhën e njeriut, gjuhën e njeriut larg dhe afër argumentit identitet. *"Ankthi i së vërtetës"* është vetë pjesa që rrëmon në identitet njerëzish, po aq edhe vlerash që herë pikëtakohen në letrësinë fituese e herë në letrësinë konkuruese. *"Ankthi i së vërtetës"* është një roman për vetë këtë strukturë me të cilën ndërtohet vetë artikulimi i respektit ndaj letrave.

Vilhelme Vranari

Vilhelme Vranari (Haxhiraj) (u lind më 8 dhjetor 1944 në Kaninë të Vlorës), pinjolle e familjes së princit Gjergj Arianiti. E përndjekur nga lufta e klasave, më e egra që ka njohur njerëzimi, edhe pse iu mohua çdo e drejtë humane, sepse pas burgosjes së të atit, xhaxhait dhe vrasjeve makabre të një xhaxhai, tre kushërinjve të parë dhe internimit të famijes së saj, ajo mundi të arsimohet. Ia ndaluan diplomimin në Histori-filologji, e pushuan nga puna dhe Vihelmja mundi të diplomohet në fakultetin histori-gjeografi. Pas rënies së diktaturës komuniste, rinisi punë në arsim. Kjo i dha mundësinè të shpalos talentin e saj në letërsi. Tashmë njihet si poete, romanciere, autore e prozës së shkurtër dhe publicistikë.

Poezi:
   Loti nuk ka faj, 1996
   Të pres, 2000
   Rãdãcinile-Rrënjët, shqip/rumanisht, 2009.

Prozë e shkurtër:
   Mamaja, novelë 2000
   Kush e vrau Kaftanazin (skica, tregime, novela, (2001)
   Rrugë pa kthim (skica, tregime, novela, 2009.
   Mamaja, novelë Rumanisht 2011

Romane:
   Dhembje nëne, 1998
   Jetë në udhëkryq, 2001
   Ringjallur si Krishti, 2002
   Amanti i Arbërisë, 2003
   Rrëfim në të perënduar, 2007
   Unaza e Prangosur, 2008
   Zonja me karafila të bardhë, 2009

Dritëhijet e medaljes...enigm, 2010
Vone tejet vone, 2011
Pa Titull-ese pubizistike , 2011.
Trilogji:

Vështroni Meduzën, Prolog Jete, roman I, 2007
Vështroni Meduzën, roman II, 2005
Dilema e së Nesërmes, roman III, 2006.
Letërsi për fëmijë:
10 Fabula, 2000
Bëmat e Dhelprës fabula, 2002
Ne jemi lulet e jetës fabula, 2003
Vogëlushja Bianka dhe kafshët e saj përralla, 2008
E dini se ç'emër kam fabula e gjëegjëza , 2008
Përrallat e vendit Blu përralla, 2009
Xhuxhi dhe Gjiganti-përralla, 2011
Mirënjohje:
Shkrimtarja Vilhelme Vranari Haxhiraj është Vlerësuar me
çmime letrare kombëtare dhe ndërkombëtare,si:
Çmimi "Petro Marko" për romanin "Dilema e së nesërmes",
nga Bashkia Vlorë dhe Lidhja e Shkrimtarëve, dega Vlorë
(2006).
Çmimi për "Poezinë e mirëinterpretuar", Lidhja e
Shkrimtarëve dhe Biblioteka Vlorë (2007).
Çmimi "Protagonist i vitit 2008" për romanin "Unaza e
Prangosur", nga Bashkia Vlorë (2008).
Çmimi Nacional Gjergj Kastrioti-Skënderbeu", Torino
(Itali), çmim që vjen për herë të parë në Shqipëri (2009).
Çmimi "Mirënjohje e Lidhjes së Prizrenit" (Kosovë, 2009).
Çmimi "Personazh i Vitit 2009" Sondazh i medjave-2009
Çmimi "Mirënjohje e Kaninës" (Kaninë, 2010).
Çmimi "Mirënjohje e Klubi Drita" (Athine, 2010)
Çmimi Me Medalie Argjendi "Mirënjohje e Vlores" (2010)
Çmimi i "Karieres" konkursi letrar ne Proze (2010)

"Çmimi i parë ne Mal te Zi" (2011) në 100 vjetorin e kryengrities Mbishkodres

Qiçi i Bregut të Detit

'Rrënjët tona' shpeshherë është një togfjalësh që zgjon debat. Një togfjalësh që na shpie udhëtimin tonë të kujtesës dhe memorjes në udhëjetë të ardhura në ditët tona mes fjalës, legjendës, këngës, folkut dhe mjaft shënimeve të shkruara. Në librin *"Nivica, porta e Bregdetit"* vjen pos 'dy fjalë'-ve nga autori. *"Nivica, porta e Bregdetit"* (Sarandë: Milosao, 2010) është një studim i autorit Andon Baxheri. Libri me rreth dyqind e tridhjetë faqe është redaktuar nga Afërdita Bituni. Dhe libri, me këtë çelës në hyrjen e tij, parashtron jo vetëm gjininë e tij në fushën e studimit, por edhe qëllimin për të hapur sa më shumë dritë pikërisht tek 'rrënjët tona'. Në libër 'rrënjët tona' vetëm sa hapin këtë sipar dijedhënës mes 'vendosjes, emrit dhe etnitetit' në një hapësirë që zë prej më shumë se tridhjetë faqesh. Në këtë hyrje autori Baxheri, i dekoruar me urdhërin "Naim Frashëri", por që është edhe mbajtës i distinktivit "Mësues i dalluar", shkon më tej për të marë edhe uratën e lexuesit që kërkon të dijë e të mësojë më shumë rreth 'aspekteve social-ekonomike e demografike të Nivicës në shekujt XV-XX'.

Mjafton të hyjmë në labirinthet historike të veprës të mësojmë se vitet 1417 dhe 1419 shënojnë atë periudhë kur "turqit pushtojnë Vlorën, Gjirokastrën, mbarë bregdetin dhe më '29.5.1953 Sulltan Mehmeti i dytë mori Kostandinopojën dhe i dha fund Perandorisë Bizantine" (faqe: 15). Kështu sipas studiuesit të këtij libri mësojmë se 'ndër 15 shekuj luftë dhe betejash kundër pushtuesve të njëpasnjëshëm, kurdoherë të guximshëm' niviciotët dhe gjithë banorët e krahinës, ditën të përballeshin edhe me pushtuesin otoman (ibid).

Janë më pas këto 'rrënjë' të ngulura mirë që duan të argumentojnë mes identitetit, edhe kulturën, edhe dëshminë historike, por edhe gjeografinë e bukur të një trualli të ashpër e shkëmbor, por mjaft të bukur, në faqen lindore të Malit Shëndelli. Në këtë mirësi të kombinuar fatesh që shtrihen në lartësinë 200-300 metra mbi nivelin e detit, ne lexojmë dhe ngulim në ndjesi e memorje atë emër për atë vend të quajtur Nivicë-Bubar. 'Këtu në këtë kështjellë gjigande natyrore niviciotët hollën rrënjë' (faqe: 16). Dhe jo më kot autori e shtron këtë me një krenari se më tej ai citon 'kjo është Nivica jonë, porta jugore e Bregut të Detit, e ndërtuar e gjitha me gurë, në faqen piktoreske të Malit të Shëndellit'.

Është kënga e kënduar në shekuj nga vetë vendasit ajo që më pas vjen për të diktuar forcë, rezistencë, qëndrueshmëri, mbijetesë, trashëgimi, kujtesë dhe thirrje "O rrapi dega si tendë/Ç'i bëre pleqtë me mend?/Iftizam do të të vënë/dilni zot për këtë vend". Është natyra, uji, çdo pjesë e dukshme dhe e padukshme në këtë lëvizje ndjesore, gurët dhe pyjet, vetë uji që vjen nga 'Kroi i Madh' nga burimet me emra të ndjeshëm e domethënës 'Gurrëz'; "Burimi i Mingule"; "Gjerbos"; "Bozhiq" dhe ai ujë që shërbente për të diktuar edhe pastërtinë si një traditë e lashtë shqiptare 'për të larë rrobat në Kroin e Shëndhimitrit, poshtë fshatit" (faqe: 21).

Rrënjë të ngjeshura dheut historik i gjejmë më pas mes faqeve të librit tek dëshmia në rrëzë të Manastirit të Shën Mërisënë Kakomesë, apo edhe në dëshmi që vijnë nga kronikat historike që tregojnë se në vitin 1336 një kishë Bizantine, sipas një bazilike të zbuluar, është djegur. Dhe vendi i shënjtë, i rrethuar nga dëshmi rrënjësh historike nën dhe e mbi dhe, po aq edhe dëshmish natyrore, mbahet rëndë në ditët tona "është kjo Nivica e dovletit/Qiçi i Bregut të Detit/nderi i Vilajetit".

Dhe një vend i tillë kyç në fate kohërash dhe agresionesh, natyrshëm do të ishte edhe nën trysni gjuhe dhe autoktonie të shtrydhur nga agreagatet e presionit dhe hulumtimit. Autori tregon kujdes. Studiuesi shqiptar, Shaban Demiraj na jep argumentime shkencore tek *Gjuha amtare në Bregdetin jugor shqiptar gjatë shekujve. Himara në shekuj*", (Tiranë: 2004, f. 240). Ai na sjell edhe gjuhëtarët në këtë kënd me dëshmitë e tyre. Kroati Henrik Boriç dhe amerikani Erik P. Hamp për autorin janë ata që nxjerrin në pah prezencën e tyre dhe vendndodhjen që 'para dyndjes sllave në këto anë" (Boriç, 1955: 50 dhe Hamp: 1996: 106). Jo vetëm këto, por edhe trashëgimia historike, legjendat, mitet, monumentet etj., janë po aq të pasura dhe me vlera të çmuara, saqë Moikom Zeqo, duke iu referuar arkeologut francez, Leon Rei, thotë: "Nëse Shqipëria ka me se të mburret, ajo në radhë të parë duhet të mburret me historinë e Bregdetit". Duke qenë se mjaft studime janë të cekta, por edhe të pakta, studiuesi i kësaj vepre merr në konsideratë modelin më prodhues atë të emrave të përvecëm vetjak dhe ato të familjes në vitet 1520 dhe 1523 në rregjistrat e hershëm të kohës në Nivicën e atyre viteve. Janë disa faqe në këtë studim që më pas flasin qartë për arsyen dhe rëndësinë e trajtimit të tyre.

Me një organizim të plotë dhe të detajuar autori më pas na jep një pamje të detajuar të organizmit tradicional, besimeve dhe riteve dhe po aq edhe të miteve të zonës. Banesat popullore dhe veshja janë trajtim i rrëndësishëm. Karakteristika e ndërtimit të banesave me fytyrë e pamje nga rrapi, apo edhe veshjet e shijuara edhe nga Bajroni e mjaft të tjerë janë një dëshmi e saktë dhe tepër e ndjeshme në këtë studim.

Gjendja ekonomike, arsimi dhe kultura në shekujt XV-XX, qëndresa kundër osmanëve shekullin XV, qëndresa antiosmane në shekujt XVI-XVIII, ekspedita e Ali Pashë Tepelenës kundër fshatrave tona 1798, shekulli XIX deri në vitin 1912 dhe më pas Nivica në vitet 1912-1925, janë në fokusin e studimit duke shtuar e vazhduar edhe me rregullimin e marrëdhënieve ekonomike 1939-1944 dhe duke përfunduar me vitet 1944-1990 dhe pas viteve 1990-të. Libri ka referenca dhe është i paisur me burimin e disa materialeve. Ai ka edhe emrat e plotë të niviciotëve që janë sot emigrantë jashtë Atdheut. Ata janë pjesë e këtyre rrënjëve. Ata janë plot treqind e dyzet e dy emra! Ata janë krenaria e vetë truallit nga mbinë këta rrënjë shekujve, bashkë me Nivicën, Qiçi i Bregut të Detit...

Rilexim në katër kohë, por edhe pa kohë

Me romanin *"Katër dete për në vendin e ëndrrave"* të Nelo Drizarit

Një mall u tret larg. U ndalua të shkërmoqte lotët e tij në dheun që e lindi. U ndalua! Jo për faktin se koha kishte bërë të vetën. Jo... Ah, një drithmë. Veç një drithmë që të tmeron, ende është strukur gjetkë, ndoshta atje ku rruzulli i lotit akoma sugjeron. Aspak mes kësaj hapësire që formëzohet nga koha dhe fakti në jetën e një njeriu. Aspak. Është një drithmë që ndihet larg e larg kësaj dihame përshpirtjesh. Por, edhe diçka tjetër që rrit dhe dimensionon një emër intelektuali. Emër shqiptari në betejën e kohëfaktit. Lidhje me emrin e njeriut me vlera të padiskutueshme..., me emrin që jeton në botën e dyzuar të kohëfaktit dhe përjetohet mes faktkohës drithmatike.

Faktkohë e mugët..., Kohëfakt i shthurrur

Në fakt me emrin e Profesorit Nelo Drizari (1902-1978), duket se vetë kohëfakti ka bërë emrin e vet në faktkohë. I harruar. I ndaluar të prekë gurët e vendlindjes. I privuar të shohë Mallakastrën(!?) Faktkohë e mugët. Kohëfakt i shthurrur. Jetë që u degdis për ti dhënë jetë shqipes atje larg, aty ku *"Katër dete për në vendin e ëndrrave"* janë jo thjesht aritmetikë. As thjesht një molisje ëndërrash në letër të bardhë. Një filozofi që rrjedh dhe qetëson të paktën një shpirt. Atë shpirt rreth të cilit fillimi i shekullit të kaluar i bëri emrin dhe disi këtë shpirt ia lehtësoi qyteti i Ballshit me *"Qytetar Nderi"*...

Kështu do të rilexohej romani jetik i përshpirtjes intelektuale të Nelo Drizarit. Kështu do të lexoheshin *"Katër dete për në vendin e ëndrrave"* në katër kohë. Dhe kohërat janë vetë elementi që rindërtojnë *faktkohën* me të cilën Drizari mbeti një gur në shërbimin ndaj gjuhës shqipe. Atë shërbim të cilin ai e lartësoi edhe në mjediset e Universitetit të Kolumbias në Shtetet e Bashkuara të Amerikës. Për këtë fjalët e profesor Petër Priftit dhe Rafaela Kondit flasin qartë. Ai është për ta një emër i skalitur në rrjeshtat edukues dhe në rrjeshtat e shërbimit ndaj gjuhës shqipe në këtë mjedis akademik.

Koha e parë: Moçali i derteve

Mes mjaft elementëve që shthurnin 'ëndërrat' e tij teksa ai natyrshëm përshpirtte mjediseve letrare dhe akademike *'kthimin në shtëpi dhe festën me barinjtë'* duke parathënë kristalin e padukshmërisë, duke strukur kohën e parë me të cilën lidhja përtej e andej, atyre katër deteve kishte lindur edhe moçalin e derteve. Moçali i derteve ishte koha e parë e tij. Ishte koha ku lotët e nënës ishin patharë, ku edhe *'dhogat e shkallëve'* tundeshin, ishte koha kur edhe *'këpucët bënin krak-krak'* (faqe 147). Ishte kjo kohë që rilidhte dy dimensione ëndërrash. Dy dimensione që e zgjonin autorin dhe *'për një çast ndjehej i habitur, ende i pasigurtë se ku ndodhej'*. Vetë ai shkruan: *"paskëtaj menjëherë, dhoma e ndriçuar, m'u duk e njohur. Madje edhe shtrati edhe mbulesat, më dukeshin sikur qenë gjithnjë të miat. ... Papritur gjithçka m'u bë e njohur. Isha në odën e miqve, ku dikur flija me gjyshen..."* (f.146).

Jeta e këtij emigranti të hershëm ekonomik kishte filluar të trazohej nën penë. Gazetaria me të cilën ai ushqeu penën e tij, më vonë mprehja e kësaj pene në mjediset universitare të Kolumbias dhe West-Cost-it e bën shpirtin e autorit të *"Katër dete për në vendin e ëndrrave"* të shënonte hapin e parë dhe drejtimin e seksionit shqip të radios "Zëri i Amerikës". Shenjat e kësaj pene ndiheshin qartë tek *"Nju Jork Tajms"*-i; *"Current Histori Magazine"*; *"Bruklin Eagle Magazin"*, por edhe mbi faqet e arta të *"Dielli"*-t organit të dashur të Federatës **"Vatra"**. I lindur në Drizar të Mallakastrës më 1902 dhe në një kohë kur ishte vetëm dhjetë vjeç ai nisi kohëfaktin e një jete që do të vuloste fatin e kohës së parë tek *"Katër dete për në vendin e* *ëndrrave".* Kjo kohë shihet jolineare në romanin e tij. Të paktën kështu shpaloset në hapësirën e tridhjetë kapitujve të romanit, që hapen me fjalosjen për *'vendin e lumtur'* dhe përmbyllen me mosbesimin e tij retorik *'ndoshta një mrekulli?'*

Koha e dytë: Metafizika dhe dialektika e memorjes

Që në hyrjen e romanit lexojmë një përkushtim. Përkushtim që flet ndjeshëm: *"Ia kushtoj këtë libër Ziait dhe Ganiut, trashëgimtarëve të bekuar të mirësisë dhe lirisë".* Ky është përkushtim i autorit. Ky është një mishërim dialektik me vetë kohën e dytë që formohet qartazi nga përshkrimet metafizike të Amerikës së largët, por edhe me përshkrimet e mrekullueshme për detet e Jonit dhe të Adriatikut, me qytetin port të Dyzet Shenjtorëve, me Himarën me malet e larta Akrokeraune, që mbajnë festen e bardhë të dëborës mbi krye, si mban labi qylafin e bardhë. Është në fakt kjo metafizikë që gërshetohet tek simbolika e *'feste kuq-feste bardhë'* kjo një gërshetim i tërë asaj arsyeje në udhëtimin e vështirë, në atë udhëtim ku portreti i babait me 'mustaqe të gjata e të pakrehura' apo edhe mjedisi i hotelit në Vlorë e ushqimi gati janë përmbyllje nën emblematikë të shtrydhur me fjalët e kuptueshme edhe për kohë tjetër *"Është më keq se atëherë kur nxorrëm Jonuzin për në Amerikë"* (f. 58).

Është Vlora e asaj kohe në memorjen e autorit, ajo pjesë që grimon dhe grimcon deri në dhimbje, ajo pjesë e memorjes që kujton mes fjalëve të babait dhe zgjon kërshërinë për kohëleximin e dytë në roman: *"ky është rrebeli im i vogël,- dhe më përkëdheli flokët që më dilnin jashtë festes së bardhë shqiptare".* Pastaj ndeshim kostumin turk dhe festen e tij të kuqe, me të cilën do të kalohej udha e gjatë, me të cilin do të mundësohej hyrja në anije e udhëtohej gjatë e gjatë.

Në këtë udhëtim janë edhe shenjat e para 'të luftëtarëve që luftojnë për çlirimin e Shqipërisë', por edhe emrat dhe ndjenjat e atyre që bëjnë mirë në shqrbimin ndaj kësaj çështjeje. Në këtë udhëtim janë edhe plagët e kohës. Janë shenjat që flasin e qasin udhën e gjatë të dhimbjes: *"Në Greqi. Ne jemi duke shkuar për në Greqi? Pyeta unë, duke menduar se mos ai kishte ndërruar mendjen për në Itali. E dija se vapori i madh për në Amerikë nisej nga Napoli. Së pari ne do të shkojmë në Greqi, pastaj në Itali."* (f. 60).

Dhe ndjejmë si lexues mes këtij udhëtimi tërë forcën e leximit të kohës së parë të saj, duke përfytyruar edhe forcën perceptuese, por edhe frymëzimin e njeriut në rritje e sipër, të atij njeriu që krahas penës do të shtonte në memorje edhe fuqinë e magjinë e penelit. Kështu shohim dhe ndjejmë edhe rritjen e piktorit, talentin tjetër në jetë të Drizarit. Ekspozitat e tij ende mbahen në kujtesën artistike të San Franciskos, Oklandit dhe në mjaft qytete të Bregut Perëndimor. Por ato lexohen e ridimensionohen në heshtjen perceptuese të romanit.

Koha e tretë: Jeta pos perceptimit

Nga jeta dhe veprimtaria e Nelo Drizarit kurrë nuk mund të veçohet edhe aktiviteti i tij në tërë dimensionin intelektual. Ai është kompleksi i intelektualit. I dalluar në gazetari, prozë, gjuhësi, studime dhe pikturë, natyrshëm ai nuk mund të lihet si i tillë edhe jashtë kapitujve të romanit *"Katër dete për në vendin e ëndrrave"*, jashtë atyre dimensioneve që lexohen apriori në tërë formën e perceptimit. Kjo formë perceptuese është pra tërë dimensioni aktiv i tij. Shfaqet tek *'mësuesi im i parë amerikan'*; *'shkëlqimi im i parë'*; dhe ridimensionohet mes fakteve tek *'mik i vogël tek xhaxha Semi'*.

Drizari qe i pari që futi gjuhën shqipe në programet shkollore të Universitetit Kolumbia, në vitin 1934 ai do të botonte fjalorin e parë *"Anglisht-Shqip"* dhe më 1947 do të nxirrte në dritë doracakun *"Shqipja e folur dhe e shkruar"*. Kështu ai kishte perceptuar dhe piketuar kohë më parë këtë prurje, teksa me këto prurje ai shënonte kohën më të artë të tij, kohën me të

cilën shënon dhe qëmton qindra fletë në roman. ai nis e zhvendos edukatën dhe këshillën prindërore jo vetëm në përdorim për jetën, por edhe në një kujtesë të qartë për të gjithë. Ai vetë shkruan: *"Falemënderit Dada, për sjelljen time në Amerikë, në vendin e ëndrrave dhe ty Jonuz, që më solle në shkollën Jordan. Këtu është mrekullia. Unë e dua Amerikën. Unë e dua edhe mësuesen time. Do të dëshiroja, që edhe ju të gjithë të ishit këtu me Jonuzin dhe mua. Falemënderit tu, o Zot, gjithashtu... Amin."* (f. 77).
Është kjo vetë jeta e autorit, jeta pos perceptimit.

Koha e katërt:

Nelo Drizari është ndër intelektualët më përfaqësues të shqiptarëve të Amerikës në shekullin e shkuar, shkruan gazetari Dalip Greca në një nga shkrimet e tij kushtuar sekretarit të shoqërisë *"Përparimi"*, kryetarit të *"Lidhja e Studentëve"*, pra njeriut që kishte piketuar me kohë të artën e kohës së tij, atë musht vlerash intelektuale në shërbim më të gjerë e më të gjerë. "Takoj heroin" ndoshta do të ishte pikëprekja më e gjallë metafizike e kësaj kohe. Autori shkruan: *"asgjë nuk mund të më ndalonte tani. Vrapova pranë tij dhe shumë i lumtur, preka heroin tim, këmbët, pallton e gjatë, këpucët e mëbrthyera dhe pantallonat. Shikoje, ai ka veshur pantallona të shkurtëra si unë i thashë vëllait tim, duke i treguar me një kënaqësi të dukshme. Ky është njëlloj si princ Skënderbeu, heroi im më i madh."* Ai e gjeti këtu frymëzimin e tij për të shkruar rreth Skënderbeut, por edhe për të paraqitur nga gjuha shqipe në anglisht edhe dramën *"Gjyqi i Nderit"*, veprën e rilindasit të shquar Sami Frashërit. Në këtë fragment lexojmë më tej tërë dimensionin dhe logjikën e Nelo Drizarit, profesorit që shënoi të artën e kohës shqiptare në tokën e ëndërruar. Në këtë kohë kemi edhe veprën e tij të plotë në prozë, publicistikë, artikuj studimorë dhe krijimtari të mirëfilltë letrare. Vjen me një frymë të pastër romani *"Kënga e*

Irenës" (1957), një roman që i zhvillon ngjarjet ne vitet '30 të shekullit të shkuar dhe një sërë botimesh të tjera të tij që panë dhe nuk arritën dot të botoheshin.

Pa kohë

Në katalogun e librarisë publike të Montereyt në SHBA, në dosjen 1950-1994 përpos germës "D" ndodhen mjaft prej punëve dhe veprave të Profesorit Drizari. Aty ndodhen *"Albanian-English and English-Albanian dictionary"* me shtatëmbëdhjetë ribotime ndërmjet periudhës 1934 dhe 1979 në gjuhën angleze dhe në pesë gjuhë të tjera dhe i shpërndarë në rreth 442 librari në botë, ndodhet *"Spoken and written Albanian; a practical handbook by Nelo Drizari"* që ndodhen në 190 librarY të botës dhe dhjetra tituj të tjerë që e bëjnë akoma më krenarë mallin dhe ruzullin e lotit të përshpirtjes së autorit me emër. Të paktën ajo që përkthyesi i këtij romani në shqip, njeriu dhe intelektuali i mirë, Sinan Elmazi propozon në fjalën e tij: 'u flet me zë të lartë qarqeve politikbërëse amerikane, për ta mbrojtur këtë vend, Shqipërinë".

Stavro Th. Frashëri shqiptari dimensional mes kulturave

Shqiptari i parë që ka shkelur zonën e Linkonshires në Britaninë e Madhe është studiuesi dhe autori i librit të rrëndësishëm me studime *"Përmes Mirditës në dimër"*, Stavro Th. Frashëri. Këtë e mësojmë nga vetë mediat britanike të asaj kohe, por edhe nga vetë respekti që kanë treguar kohët e fundit autoritetet lokale vendase të zonës për këtë figurë. Dhe më tej, më së shumti, për këtë figurë lidhëse dhe të mirërespektuar në disa pika gjeografike mësojmë nga libri studimor i Dr Sali Hidrit, *"Hulumtuesi i bukurisë shqiptare"* (Hidri, 2005). Në një vëllim prej afro katërqind faqesh, ku spikat një hyrje e detajuar e Prof Dr Agron Xhagollit, që në hyrje spikat gjetja e duhur e qasjes me Lukianin (120-190) se bërja e një libri kërkon material dhe lëndë se ndryshe ai bëhet një fjalështrirës në fletë të pavlera. Por, këtë e bën menjëherë të detajshme e të qenësishme vetë struktura e pasur e librit me të cilën Hidri më pas dekodon bukurinë shqiptare të hulumtuar prej Frashërit në vite. Dekodimi i kësaj lënde të cilën Hidri e quan 'gjithshka të mundur për të shkruar për të", pra për hulumtimin e bukurisë shqiptare, është padyshim ajo që e bën këtë matërial një produkt të rrëndësishëm me vlera të shumta të ardhura nga një intelektual të mirëformuar dhe 'mbi të gjitha ka një motiv të shëndoshë, që në fund të fundit e radhit atë në plejadën e intelektualëve kërkues në shërbim të kulturës shqiptare në vitet 20-40 të shekullit të njëzetë' (Hidri, 2005: 15).

Teksa e shohim këtë paraqitje të Hidrit, natyrshëm në kërkimin tonë gjejmë së pari studiuesin nga Kosova, Sinan Gashi, i cili ka qenë i pari mbas pesëdhjetë viteve në harreësë të citonte emrin dhe veprat e Stavro Th. Frashërit. Në një artikull të gazetës "Bijku" të Prishtinës ai shkruan se 'Stavro Th. Frashëri

117

është autor i dhjetë vëllimeve letrare' (Gashi, 1995). Më pas është sërrish libri i këtij krijuesi *'Rinjohje letrare'* me të cilin ai sedërton idenë, siç është shprehur vetë ai, nga libri i Stavro Th. Frashërit *"Lule dhe gjemba"* (Gasi, 1998). Gashi rrëmon akoma në veprën dhe dokumentacionin e Stavro Th. Frashërit dhe në vitin 2010 ai sërrish nxjerr në pah vlera të tjera tek *"Historia e dorëshkrimeve të letërsisë"* (Gashi, 2010).

Një emër tjetër i nderuar i letrave shqipe, që lidhet me studimin e veprës së Stavro Th. Frashërit është edhe Ndoc Papleka. Ai në studimin e tij *"Kulturë, rite, magji në traditën orale"*, citon gjithashtu dhe referon nga vepra e Stavro Th. Frashërit "Folklor shqiptar" (Papleka, 1999).

Prof Dr Mark Tirta është natyrisht ai bir i denjë i Mirditës, që shkruan me zell dhe me superlativa për autorin Stavro Th. Frashëri. Ai në parathënien e librit të Stavro Th. Frashërit *"Përmes Mirditës në dimër"* parëson dhe fokuson më tej dekodimin e vlerave të autorit në lëminë e bukurisë shqiptare në shekuj.

"Përmes Mirditës në dimër" më pas i erdhi edhe lexuesit të huaj në gjuhën angleze nga dora e të paharrueshmit, Peter Prifti, një profesor me një emër të veçantë në kontributin e riprezantimit të letrave shqipe në Botë.

Dhe më tej ashtu siç e cituam edhe më lart, janë vendasit e zonës së Linkolnshires dhe më tej studiuesit Xhangolli dhe Hidri që flasin me kodin e tij profesional për këtë figurë dhe tërë veprën e tij.

Pas gjithë këtyre vlerësimeve intelektuale natyrshëm duhet paraqitur për lexuesin tonë edhe fakti se Stavro Th. Frashëri është vlerësuar me: "Urdhërin "Naim Frashëri" të argjendtë"; "Qytetar Nderi i Durrësit"; "Qytetar Nderi i Rrethit të Gjirokastrës (Përmet)".

Në një artikull të botuar tek gazeta *"Bota Sot"*, Prishtinë, 26 Maj 2002, Sinan Gashi midis të tjerave citon "vepra dhe dija e tij dëshmon poliglotizmin". Dhe natyrshëm jetëshkrimi i tij është plot lëndë gjuhësore, në fushën e letrave folklorike, publicistike, artistike, pedagogjike, pavarësisht se shkollimi i tij bazë ishte në inxhinierinë mekanike, pas një zotërimi perfekt të disa gjuhëve midis të cilave, anglisht, turqisht, greqisht etj.

Ekzistencializmi përtej teorisë dhe vargut

Një 'binar' i shëndoshë në vargun poetik të Dero Murataj

Rreth gjashtëdhjetë poezitë e vëllimit poetik *"Penë e thinjur'* të poetit vlonjat **Dero Murataj**, janë gati-gati fjalë të ngjeshura kuptimesh. Në pak vargje secila nga këto poezi intrigon kuptime të ndryshme. Kuptime që vijnë nga *fjala, nocioni, vargu* dhe *tërë konstrukti* i poezisë. Të katër këto shërbime të vrullshme ndaj ritmit poetik të poetit Murataj e bëjnë poezinë e tij të lexohet këndshëm për **tre arsye kryesore**. **E para** është tematika që autori përzgjedh, gatuan dhe vendos në shërbim të lexuesit. **E dyta** është idea që lartëson ardhjen e një fjale filozofike të gatuar mes dijes së vetë autorit dhe kontributit të traditës popullore në vlerën që përzgjedh ai. Dhe **e fundit**, por jo e fundmja, është fabula që i jep poezisë së tij shumëkuptueshmërinë dhe e rendit atë në vendin e duhur të didaktikes për lexues të të gjitha moshave, pra mbetet tek ekzistencializmi. Të tria këto detaje kryesore sipas **Eqrem Canajt** janë "...vazhdimësi e filozofimit të krijimtarisë poetike, virtuoze të poetit...". Sipas Canaj "të gjykosh mbi jetën, do të thotë të dish të ndash grurin nga egjri, domethënë të filozofosh".

Pas vëllimit të tij me vjershërime *"Në rrjedhën e brengës"* (2004), me redaktor **Hiqmet Mehmetaj**, poezitë e tij, të cilat Canaj i dikton me *'thelb poetik'* i japin këtij autori një hap të ndjeshëm e të sigurtë në lëvrimin e artit të fjalës drejt të prekshmes, ekzistenciales edhe kur ajo është perceptuese.

Shumë poezi të tij kanë lidhje me jetën dhe janë mbi jetën me dertet e gëzimet e saj, janë pjesë fatesh. Fate, që mishërohen në specifikën e jetës, në vendin tonë mes iluzioneve universe, janë dhimbje edhe pse shpesh dhimbje me arsye apo pa arsye dhe mbi to ndikon e argumenton elementi mizor i jetës.

Temave specifike të autorit u japin një kënd të veçantë variacionet që ndryshojnë aspektin, por jo mesazhin, që dirigjojnë situatën, por jo të konvergojnë tematikën, dhe të gjitha jo për të vajtuar, por për të kënduar, për të folur e argumentuar në një formë filozofike për kuptimin e jetës, e cila është pjesë e repertorit të dhjetëra poezive të tij. Poezia e këtij autori, qoftë në formën e saj më të zakonshme, ose në atë njëstrofëshe, shpesh përfshin një kuptim ekzistencialist, apo përmbajtje ose gjurmë filozofike.

Kuptimi ekzistencialist i poezisë së këtij poeti është tipologjia e vargut që ushqehet nga situata dhe tema me të cilën ai filozofon. Tek poezia *"Loti i vdekur"* figuracioni i pasur mundet nga e prekshmja, nga ekzistenca, sado ajo është imagjinare apo fiktive, kur në rastin e lotit mbetet një fakt, një arsye, një prekshmëri e ndjeshmëri akute: *"Nuk munda të të mbaj gjallë,/por unë dhe të vdekur të dua,/ti përtej botës pa halle,/unë në mbretërinë që vuaj!"* Për të qenë të arsyeshëm në këtë pikë. Filozofia e autorit është më se e prekshme në këtë ekzistencialëm të padiskutueshëm të lotit. Arsyet janë fate, janë sublimitete të diskutueshme. Janë të tilla në fakt edhe në fatin e shtruar tek poezia *"Dy gjuhë"*: *"Dy gjuhë të një zemre/në një trup jetojnë,/lindur prej një nëne/njëra-tjetrën s'e besojnë!"* Ndoshta pak më ndryshe ekzistencializmi i poetit shfaqet tek poezitë e tij trevargëshe, *"Lungara"*; *"Meditim"* etj, ku spikat më shumë vizivja, pamorja dhe ajo që rreth-rrethon hapësirën në të cilën ndodhemi, jetojmë, përqasemi dhe meditojmë për të krijuar thelbin dhe meditimin tonë për jetën dhe hapësirën. Tek poezia *"Lungara"*; janë vargmalet në udhëtim, që ngjanë si mamuthë gjigandë në horizont, me të cilat autori sqaron 'lartësive u vjedh shikimin': *"vargmale në udhëtim/mamuth gjigand në horizont/lartësive u vjedh shikimin"*.

Në fakt tek të dy këta poezi, *ekzistencializmi* na jep një mundësi më shumë që të kuptojmë se vetë ai pra *ekzistencializmi* nuk është një filozofi, aq shumë e hollë dhe e detajuar, por është një strukturë poetike mesazhiere që vjen si një protestë e brendshme e autorit kundër tipareve të caktuara të jetës bashkëkohore, që ndikohen nga fakti i një metafizike rrethuese dhe nga fati i një gjendjeje shpirtërore.

Niçja dhe Heideggeri janë ata që na japin më së shumti kuptimin e saktë jashtë anatemave debatuese të strukturës, faktin që mbetet një lidhje tek ekzistencializmi. Edhe pse nuk është shumë i populluar sot ky term, në lidhje me artin e fjalës, shqetësimet e tij për poezitë me humbje shpirtërore dhe ata që kanë burim idesh tjetërsimi, janë ende të rëndësishme në studimin e letërsisë bashkëkohore. Pikërisht këtu qëndrojnë rrënjët e teorisë letrare, shumë më së shumti si një armiqësi e heshtur ndaj shkencës, për racionalizmin, dhe në nocionin e një gjuhe letrare.

Një fakt tjetër është edhe teoria ekzistencialiste e Edmund Husserl (1859-1938). Ai i takon traditës kontinentale filozofike. Ishte me të vërtetë paraardhës i shumë shkollave që ishin në kundërshtim me traditën analitike. Husserl nuk ishte i interesuar në gjuhën që përdorte autori, megjithatë, ishte i vendosur në përmbajtjen e vetëdijes, dhe u përpoq të bëjë fenomenologjinë e tij si një shkencë rigoroze. Ai pastroi idetë e gabuara dhe si fillim mësohet se ka filluar me gjёrat që me të vërtetë paraqisnin *veten*. Ai iu përkushtua ndërgjegjes, duke theksuar se ndërgjegjja është gjithmonë ndërgjegje e një diçkaje, dhe jo një situatë abstrakte e mendjes. Ne përpiqemi për të mbetur të izoluar dhe më pas futemi në grup për të mësuar se çfarë është e zakonshme në perceptimet tona, ishte teoria e tij. Në këtë mënyrë, me ndihmën e teorisë së Husserl, lexojmë mjaft poezi të Murataj. Poezitë *"Lypsi i varreve"*, *"Këngë"*; *"Shpellizmi"*, etj, sidomos kjo e fundit ka në thelb, por jo me pak perceptim dhe dy të parat, funksionojnë si një shtysë në këtë teori për të parë faktin e ekzistencializmit dhe perceptimit rreth tij. Le të lexojmë poezinë *"Shpellizmi"* për të kuptuar natyrën fondamentale të ekzistencës që na ka dhёnë heidegger: *"Si vet bota, moj, e vjetёr/nuse përmbi kalë të hekurt./ashtu mes shekujsh në këmbë,/si legjendë më vjen kjo këngë/atje ku "Zeusi" vetë ka fjetur/për syrin e gurtë, djep ka mbetur".*

Martin Heidegger (1889-1976), asistent i Husserlit dhe pastaj pasardhës Freiburgut, shkroi esenë e tij të papërfunduar "Koha që zhvendos ndodhitë" nisur nga interesi i Husserlit në perceptimin, në fakt për diçka të cilën herët Sokrates e kishte lënë pas dore për vetë natyrën fundamentale të ekzistencës. Kështu mësojmë nga këto teori se ekzistenca është dashur e padashur e dhënë për ne, dhe është një proces aktiv. Niçe ishte një ateist dhe theksoi mbi një bazë të paarsyeshme të besimit tonë. Ligji, feja filozofia, kultura, theksoi ai, të gjitha janë trillime që një njeri i lirë i refuzon. Por sipas Niçes, qeniet njerëzore nuk do të kërkojnë dituri: ata duan jetën mbi të gjitha, forcën e saj në bollëk dhe në aspekte të ndryshme. Më tej në një afërsi me të mësojmë sipas Satrit se "Perëndia është zhdukur. Natyra është qeverisur nga ligjet abstrakte. Vetë njeriu është ulur në një statistikë me burokracinë shtetërore, edhe mendimet e tij më intime dhe ndjenjat janë çështje të psikologjisë, fiziologjisë, në fund të fundit të kimisë."

Sipas Satrit mësojmë se "Njeriu ka qenë në vazhdim e sipër në rrëzim që treqind vjet më parë, që prej ardhjes së shkencës në shekullin e shtatëmbëdhjetë...". Prandaj irracionalizmin e lëvizjes, natyrës partiake, gatishmërinë për të dhënë pa arsye argumente të ngushta, madje edhe të shpif me porosi dhe të zëvendësojë arsyen e logjikës me fiktiven, brenda teorive të cituara, e gjejmë edhe në poezi të tilla të autorit si *"Kooperativizëm"*; *"Çfarë mbolle"*; *"Me kokën pas"*; *"Kataklizmë"*; *"Zgjim apokaliptik"*; *"Nëpër dosjet e së shkuarës"*; *"Drejtësi"*; *"Vula e gishti"*; *"Zëri i të parëve"*; *"Pabesi"* etj., Ndoshta poezia *"Pabesi"* është më tipikja në këtë iracionalizëm: *"Gjarpri përpra kalit/rruga kryq zënë/pazari ish pritë/kur nata sa kish rënë!/ah pazarbërëse, ti, si nata bën/me dorë pabesie të lë veçse frenë."*

"Jam bija e Lotit" mes memorjes së artistes Lavdie Bisha

Ajo nuk është thjesht një emër. Figura e saj është e lidhur herët dhe ndjeshëm me zhanre të ndryshme të art-krijimtarisë. Me filmin emri i saj është një ndjesi krenarie. Me forcën e karakterit të saj filmi mbetet një dëshmi në mjaft zemra që u dashuruan viteve të ngritjes dhe rritjes së saj. A mund të lihet jashtë kujtesës roli i saj model i arrixheshkës tek filmi "Kur zbardhi një ditë"? Këtë figurë magjepsëse kohët e fundit, bashkëatdhetarët tanë herë pas here e kanë parë në serialin televiziv grek "Pallati" në rolin e emigrantes. Kështu në këtë udhëjetë arti emrin e artistes shqiptare Lavdie Bisha, e katërfishon sigla e saj në një përmbledhje me titullin domethënës "Jam bija e Lotit". "Jam bija e Lotit" është akordi letraro-artistik që vjen nga shtrydhja disavjeçare e memorjes. Është një akord që vijëzon kohëra, personazhe, vite dhe ecejake të shtrenjta. "Jam bija e Lotit" është kujtesa e pëjetësuar e Lavdie Bishës, nën përkujdesen e poetit Arqile Gjata dhe redaktimin e fjalëartit Novruz Abilekaj. Dhe diku në një shënim të korespodencës me të bijën e artsites Zela mëson nën drithmë "Sëmundja nga njëra anë dhe malli i pafund për vendin e saj nga ana tjetër sikur ja kanë fshirë të qeshurën. Por, kur i lexova librin e zonjës Lavdie e kam parë për herë të parë pas gati dhjetë vjetsh që është e sëmurë të qeshë me gjithë shpirt. Ishin ato kujtime të bukura të hedhura në letër me aq dashuri që i kthyen edhe një herë buzëqeshjen. Dhe për këtë ju falenderoj me gjithë shpirt."

Kështu nën këtë buzëqeshje të qashtër vetëm jetëbota e artistes vlonjate na sjell kumtin me të cilin kapitujt e librit nisin risinë e tyre të kujtesë-shpalosjes. "Jam bija e Lotit" nis me 'Ti je lulja më e bukur e jetës" për të na sjellë botën e artistes në një komunikim kuptimplotë dhe jetik me të madhen Vaçe Zela: "-Alo, alo-Vaçe më dëgjon?

Vjenë një zë paksa i mbytur e i zvarritur, por tingëllues e i dashur për mua.

-Po, po ju dëgjoj, kush jeni?

-Jam Lavdie Bisha, flas nga Athina.

-Uaua Lavdi! Sa po më gëzon që po të dëgjoj zërin pas kaq e kaq vitesh. Pa më thuaj diçka për veten tënde, me se merresh aty në Athinë?

Kështu, biseda mori krah.

-E moj Vaçe motra, i them, me punë të rënda e të rëndomta si gjithë emigrantët. Këto vitet e fundit kam gjetur veten. Si aktore kam luajtur në disa filma Grekë dhe kam interpretuar në rolin e nënave shqiptare tani që mbi flokët e mi ka rënë shumë borë- dhe e pyes:

-Të lutem Vaçe, më thuaj si je tani!? Pjetri, Irma si janë...sa më ka marr malli?! A do takohemi ndonjë ditë në Atdhe?"

Dhe kështu Atdheu, është malli, jetëtakimi, por edhe përmallimi mes artistëve të kalibrit, për të cilët fjala Atdhe, djeg deri në palcë. Është ky mall që përvëlon, ai determinim imediat për të kthyer kujtesën prapa për gati 50 vjet, ku siv vetë autorja citon: "Mbas vdekjes së babait më 1947, duke lënë nënën, Anenë të re me 4 çupa, me 4 male në kurriz tek ne ra mjerimi dhe uria. Kur u bëra 10 vjeçe nuk peshoja më shumë se 22kg. Babai la mall e kapital, plot 5 shtëpi dhe Anea qante:

''Unë jam loti, dhe ju jeni të bijat e lotit.

O portat radhë-radhë,

Kush do hy e kush do dalë.

Do marrë një dorë kashtë

të djeg shtëpitë, brenda dhe jashtë.''

Mes këtyre mornicave të latuara mes lotësh, autorja nis një rrugë mërgimi. Një rrugë "me valixhen e drurit për t'u pakësuar një lugë nga sofra e varfër!". Teksa rrëfimi i saj më tej ndriçon më qartë: "Bëra një hap për një diçka shumë të rëndësishëm për jetën time." Është Gushti i vitit 1957 që ka lënë gjurmë tek autorja: "me një valixhe druri në dorë lyer me bojë të kuqe vaji hyra në portën e Liceut Artistik ''Jordan Misja'' për të studiuar për aktore. Gjeta një ambient të panjohur, por shpejt iu përshtata jetës konviktore. Ndihesha e lumtur që do isha për disa vjet nxënëse e Liceut Artistik, që jo kushdo e kishte këtë fat e mundësi në jetë. Në klasë ishim gjithsej 10 vetë, katër vajza dhe 6 djem. Unë dhe Viktor Zhusti ishim më të vegjlit, pa mbushur akoma 14 vjeç. Dhomat e gjumit ishin dy salla të mëdha, secila me gati 40 vajza me krevat ushtari. Në të njëjtin kat, në anën tjetër ishin dhomat e djemve me po të tillë krevat dyshe si tonat, ku më të vegjlit flinin poshtë, ndërsa më të rriturit lartë. Këta nxënës ishin nga rrethinat e vendit dhe nga Tirana, të përzgjedhur për të studiuar piano, violinë dhe violinë-çelë."

"Jam bija e Lotit" më pas vjen rishtas me "Një pritje e lodhshme"; "Në këtë plejadë bënë pjesë dhe e veçanta VAÇE ZELA"; "Një e vërtetë për Profesor Naraçin"; "Fundi i Liceut"; "Jeta bën lojë të çuditshme"; "Surprizat e ditëve në spital"; "Sepse ma solle ti që je lulja më e bukur e jetës"; "Ajo kishte një zemër të madhe e bujare"; "Kam nevojë për ty"; "Fletë nga ditari"; "Dhe kështu lindi, erdhi në jetë ...

Frut i Dashurisë, Irma Radiqi"; "Koiçidencat shpesh ndryshojnë rrjedhën e ngjarjeve"; "Zëri magjik i Vaçe Zelës ka hyrë në historikun e pentagramit-Muzikor"; dhe më pas në kreun e dytë që nis me 'Vitet rrodhën 24 vjet punë në Teatrin e Vlorës' e mjaft të tjera në kapitujt që pasojnë, ku spikat përkushtimi edhe ndaj të Madhit Kadri Roshi.

Kreu i katërt nis e fuqizon më tej ndjenjën e thjeshtësisë dhe gjuhës së bukur teksa del në skenë Lavdie Bisha një grua me flokët borë të bardha që rrezaton fisnikëri dhe zëri i saj të zgjon kujtime. Dhe për këtë kujtimet e fjalët e përkushtuara të regjisorit dhe aktorit Lefter Simoni, Mirela Kondit, Abdurrahim Ashikut, Diana Goros, etj., paraprijnë kreun e pestë ku spikat 'Çmimi më i madh është dashuria e njerëzve". Ajo pra është aktorja vlonjate Lavdie Bisha. Ajo aktore për të cilën Gjata shprehet: "Shumë vite më parë (më 1993) e rrëmbeu dallga e jetës. Erdhi nga Austria dhe si gjithë gratë e tjera emigrante iu nënshtrua kushteve të panjohura të emigracionit. Rastësisht filloi punë në familjen e një aktoreje greke, me emrin Vanesa. Ish aktorja Lavdie Bisha, rrëfen çastet e jetës së saj deri në kohën kur iu hap një dritare për të luajtur në një film të producentëve grek, në një rol të rëndësishëm tek filmi "Në diellin e Egjeut". Lavdie Bisha ka lindur në qytetin e Vlorës më 11 Tetor 1943 në një familje të vjetër qytetare, me emër dhe pasuri." Pra "Ajo, Lavdija, kurrsesi nuk është e vetmuar. Atë e duan, e respektojnë kudo ku ajo hedh hapin e jetës. Sot, Lavdien e çmojnë dhe e vlerësojnë gjithë kolegët që jetojnë në emigracion, si dhe shumë artistë e regjisorë Grekë të artit skenik në Athinë. Vetëm autoritetet e kulturës sonë në Shqipëri nuk kujtohen të thonë një fjalë të mirë, si gjithmonë ndiqet "teoria" e heshtjes."

Në një "Bisedë intime me Artisten Lavdie Bisha" organizatori i këtyre radhëve Gjata gjen shpirtin dhe pavdekësinë e saj teksa vetë ajo shprehet: "-Ooh Arqile! Ç'të të them, edhe mua vetë më duket si një diçka e çuditshme ardhja ime në jetë. Ndoshta, ndoshta, në ato kohëra ishte diçka e rrallë, e papranueshme, por kur e mendoj mbetem e habitur. Në një tregim të Pr. Fatos Arapit, kam lexuar një ngjarje shumë të përafërt me atë të prindërve të mi."

Ajo mbetet sërrish një jetë brenda jetëve, një lot brenda lotit ku thekson: "Do nderoj e do kujtoj me dhimbje e dashuri kujtimin e pionierëve të parë të teatrit të Vlorës; të Pr. Panajot Papingji, Shefqet Resulit, ish drejtorit të Shtëpisë së Pionierit Thoma Çaçi. Nazmi Bonjaku, Piro Sava, Gaq Vishi, të Adem Gjyzelit, të Afërditës, të Myqeremit, të afërmve të mi dhe të gjithë kolegëve ndër vite, kudo që ishin, që i desha dhe më donin, më respektuan dhe i nderova. I paharruar do të mbetet kujtimi dhe emri i tyre, që punuan me shumë dashuri e përkushtim dhe pse në kushte shumë të vështira. Ata ishin Ambasadorë të Kombit.

-Ata që nuk harrohen, të pavdekshëm janë! Nuk është asnjëherë vonë për të gjetur një shok e mik të mirë, siç të gjeta unë ty. Dhe kur të jemi në Vlorë do takohemi në Ujin e Ftohtë, te Tuneli. Do pimë kafe në Belvedere nën hijen e portokalleve, qoftë dhe në perëndim të diellit, duke mbajtur ndër duar nga një degë ulliri nga të miat. Të jam mirënjohëse dhe të detyrohem! Me shumë respekt dhe dashuri vëllazërore..."

Ajo, pra është e madhërishmja artiste Lavdie Bisha, që mbetet përjetë të jetëve kristali i mallit artistik dhe loti i lotit të ngjeshur në art dhe Atdhe. "Jam bija e Lotit" i përmbledh të gjitha! Bukur!

Vargu i bardhë e i matur i Thodhori V. Baba's

Thodhori V. Baba, mbetet një zë në krijimtarinë shqiptare të kohëve të fundit, që kërkon vëmendjen e duhur. Një krijues i mbetur në misionin e tij të 'heshtjes', një poet, prozator tipik i 'artit të fjalës'. Vjen në heshtje në 'fabrikën' e madhe të 'krijuesve' dhe prodhon veç 'parfumeve' që ka në ditësinë jetike të tij edhe 'parfumet' gjuhësore që ke ëndje ti lexosh. Më saktë ashtu siç e përcakton Spiro Xhavara "I padukshëm në mes të vetëdukshmëve dhe i dukshëm mes atyre që s'duhet të duken. Një lëndinë jeshile në mes të fushës së pamatë e herë-herë një breg që nxjerr kokën me ca pemë në majë, të cilave s'u bien gjethet kurrë'. Dhe ky shprehet Xhavara, nuk është vetëm mendimi i tij, 'këto mendime i kanë sidomos shokët, që janë dhe dëshmitarët kryesorë të ecurisë dhe progresit të tij, të rritjes së kërkesave artistike për një paraqitje sa më të kualifikuar si dhe të një hopi cilësor në krijimet në prozë e veçanërisht në poezi'. Sidoqoftë, jashtë këtyre citimeve fluoride, ai ka ardhur në mesin e krijuesve. Ka ardhur me fjalën krijues, një emër që ia vendos nderin në fushën e gjerë e të gjatë me prodhime të seleksionuara.

Ka ardhur në zemër të lexuesit me një frymë të qetë me "Të dashuroja ndryshe"' tregime, nën redaktimin e Andrea Petromilos; pastaj me romanin "Të lutem, Mari!" që ka edhe syrin e dorën e të mirrënjohurit të letrave shqipe, Hiqmet Meçaj; vëllimin me poezi "Dehja e natës ", që preket deri në detaj nga dora e Spiro Xhavarës; "Qiej dhimbjesh" sërrish vëllim me poezi, me një anatemë edhe në gjuhën angleze "The painful heavens" e që bashkëshoqërohet me emrin e tij Theodhori V. Baba edhe nga emra të tillë si Dhimiter Zoto e Hiqmet Meçaj dhe me ankorimin paraprak në listën e tij të ndjeshme dhe premtuese të poezive tipike si "Dashuri e thyer"; "Ku je"; "Qirinjtë"; "Pabesi" botuar nga shtypi shqiptar. Thodhori V. Baba është poet që e ndjen aromën e largët, shijen e afërt, është artist i fjalës që kapërcen kufinj, harta, e që e njeh gjeografinë mes një tipologjie të mirëfilltë jete. Kjo e fundit është një transfertë mes dhimbjesh, gëzimesh, lotësh, stancash transparante që bashkojnë martirët, pleqërinë, dasmën dhe çdo gjë deri në Ditën e parë Të Pashkës. Dhe në këtë arkitekturë tekntonikja e fjalës dëshmon po aq në heshtje sa edhe 'parfumi' ndjedhëmirë që kapërcen temperaturat e larta në një këndkomunikim të heshtur të Vlorës.

"Martirët", është ndoshta poezia ku referimi i tërë kësaj modestie shkul nga rrënjët gjithë atë 'heshtje' për të zgjuar vëmendje dhe transparencë artistike. Arti i këtij poeti dëshmon me fjalën e bukur, është kjo një ftesë për të kuptuar qartë pse "Nuk munda dot/t'u mblidhja në dasmën time/ishit larg viseve pa emër,/ku dhe mallkimi/nuk arrinte t'u gjente". Është kjo poezi që na afron më saktë filozofinë e fjalës së përzgjedhur, 'martirët'. Janë këta që lidhin e fuqizojnë kuptimin dhe mendimin logjik, si 'fjalë për martirë' "në atë manastir të mençurisë/ju falët dhe fjalën e ëmbël,/dhe çastin e fundit të jetës.../ ndërsa madhështisë suaj/i grisën këpucët e vjetra prej lëkure/dhe më kot/u munduan ta varnin/shpirtin e lodhur pas vdekjes,'pa e kuptuar/se ata ishin vetë vdekja'.

Në vazhdimin e kësaj poezie, ashtu edhe tek poezi të tilla tipike të vargut të thyer, "Ëndërr"; "Mjerim"; "Në rrugë pa fund"; "Vjeshtë e ftohtë"; "Një simfoni e humbur"; "Vollga dhe loti"; "Harresa e qiejve tanë"; "Brenga"; "Mjaft" etj., vargun e lirë e bën të fuqishëm forca e ndjenjave të poetit, bukuria e shprehisë së mendimeve të tij që shpreh, dendësia e figurave stilistike, thyerja e metrit për të theksuar më tepër atë që dëshiron vetë ai. Dhe në këtë kontekst duke iu larguar prozaizmave, që në disa raste janë shenjë didakte poezisë së tij, autori arrin të ndërlidhë fatin e cunguar apo të ngushtuar të kësaj poezie më një ndërthurje me tradicionalen, të rimuarën inteligjente në mjaft raste.

Vargje të matura na sjell poeti në poezi të tilla si "Ku më bëjnë nder"; "Pikat e shiut"; "Nuse e vuajtur malësore"; "Kujtimet" etj., pasi ato janë poezi me ritëm të rregullt dhe numër rrokjesh thuajse të njëjtë. Duke qenë se shembuj me vargje të atura janë të gjitha krijimet popullore, stili i autorit me këto poezi afron paksa nga tradita popullore, por me një stil artistik më të thekun. Dy janë tipike tek këta poezi me vargje të matura, ato me rrokje në çift dhe vargjet me rrokje tek.

Në mjaft poezi të këtij autori spikasin edhe vargjet e bardha, të njohura ndryshe pa rimë. Poezi të tilla si "Më prit"; "Mos e këput buzëqeshjen" etj., e sjellin këtë formë mes lëvrimeve të hershme shqiptare në poezi. Por, të gjitha këto nuk e vendosin poezinë e këtij poeti thjesht në një lëmi lëvruesish të njëjtë. Ai ka mendimin e tij të pjekur, veçorinë e latimit efikas të fjalës, e mbi të gjitha gjuhën e thjeshtë e komunikuese. Tektonikja e fjalës së poezisë është në këtë rast 'mbi gurët e dhimbjes' ashtu siç autori shprehet tek poezia "Mos e këput buzëqeshjen": "mos e këput buzëqeshjen,/lere të çelë,/

Mbi gurët e dhimbjes./të rritet në diellin e largët të pritjes,/të pushtojë puthjen/e vakët të shpresës/dhe si ëndërr vogëlushësh/të nderet në gjithësinë e kaltërsisë".

Këto e mjaft lidhje të tjera vijnë tek ajo që e bëjnë vargun e këtij poeti të vallzojë lirshëm e ngeshëm në mendjen e lexuesit. Më saktë ashtu siç Poeti dhe studiuesi Carl Sandburg pati deklaruar në një simpozium të artit të fjalës se 'poezia është një thirrje në një luginë me jehonë, duke lutur hijet për të vallëzuar". Dhe poeti, Thodhori V. Baba e ka bërë këtë me mjeshtërinë e finesën e tij. Aroma pas këtij 'vallëzimi' vargor mirëpret frutet e parfumit të jetës. Le të mirëpresim në rrugën e tij krijuese.

Mes shenjtërisë së 'Fjalës'

Teksa mer në konsideratë poezinë "Sa udhë e gjatë" të poetit Nuri Plaku katër thënie lapidare të vijnë ndërmend. Të katërta nga pena me emër në botën poetike. Të katërta konvergojnë tek fjala. Fjala, që na është dhënë me 'dekret hyjnor'. Ajo "Fjalë" me të cilën ne kuptojmë se "Zoti e krijoi botën me anë të fjalëve". Zoti tha: "Le të bëhet"! "Dhe ajo u bë...". Është në fillim Alexandër Pope, që thelbin e një fjale dhe të një poezie e përcakton duke na vënë në ndihmë se "shpesh është menduar, por kurrë aq mirë është shprehur". Wordsworth që e sheh poezinë si një çështje të "instrumentave të ndjenjave të fuqishme... ku emocionet rimblidhen në qetësi." Për Shelley jo vetëm poezia, por edhe poetët janë "ligjvënës të mbetur pa përgjigjen e botës." Dhe së fundi për Coleridge ishte ndoshta më ambicioze kur ka pohuar se në formë të shkruar poezia imiton mendjen e njeriut me mendjen hyjnore në një akt zotësie të krijimit (e cila është kështu një përsëritje imituese e homologut të saj origjinal). Atëherë a nuk është e njëjtë edhe retorika e poetit Plaku kur thekson në vargjet e tij: "Nuk di ç'pjellë jam/Guri a balte./Njëra më duket si mëmë/Tjetri si at./Njëra më bëhet ardhje/Tjetri ikje e gjatë./Balta – jetë/Guri – përjetësi./Midis të dyve/Zot a njeri?" (Plaku: poezia "Sa udhë e gjatë"). Dhe e gjitha që vjen përpos katër thënieve dhe mekanizmit të fjalës është një bashkësi e tërë diskursesh që flen në një shtrat të gjerë e të gjatë filozofik të fjalës si nocion jo vetëm përshkrues, por edhe si një fakt që lidhet me vendin, kohën dhe hapësirën në të cilën 'lindja-jeta-vdekja' marrin udhën e gjatë për të përcaktuar lidhje-dritën e vargut mes fjalës. Pra, ishte ajo fjalë në vendin e parë që e ka sjellë botën në ekzistencë, dhe kjo është jo thjesht një fjalë (me anë të cilës poeti Plaku bën lidhjen e njeriut, në qoftë se ju do të bëheni pjesë e saj nëpërmjet leximit) duke na e transmetuar atë mesazh Hyjnor mes pak fjalësh të goditura. Dhe në kulturën e tij poetike këtë fjalë e tejçon mes këndeve dhe hapësirave të jetës për të fiksuar fabulën e tij tepër të lexueshme.

Duke ripërcaktuar fjalën në poezi

Duke u përpjekur për të ripërcaktuar fjalën në poezi është ndoshta një ndërmarrje e kotë. E kotë se ajo ka ardhur e tillë nëpërmjet vlerës së saj të padiskutueshme, zuri themelet e saj të kështjellta mes Platos dhe i forcoi ato mes emrash të mbetur monumente të pavdekshme në poezi. Pra, dihet se poezia është arti që gatuhet me anë të fjalëve. E dimë që ajo erdhi në mesin poetik nga bedenat e lashta greke, me një orrigjinë të fjalës nga ajo kulturë, duke e forcuar kuptimin e saj etimologjik, dhe duke u bërë të themi: "ky është poet, ai është krijues". Si një art i vjetër, i ardhur me moshën e këngës dhe valles, na ka dhënë më shumë hapësirë mes 'Fjalës' të piketojmë gjuhën e poezisë, duke e bërë binjaken e denjë të ndjenjave tona, lirinë e racionalizmit tonë jetik. Në një poemë të bukur, pastaj ne gjejmë zemrën, ritmin e saj, trurin e shtrydhur, dhe nëse e pranojmë thënien e famshme të Paskalit në lidhje me zemrën që ka arsye mes arsyes që ne edhe mund të mos e kuptojmë. Është një lojë që luhet nga poeti i denjë, kursimtar dhe i sqimtë. I tillë më fjalën, i tillë me vargun, i tillë me tërë poezinë e tij. Një poet i tillë e përdor fjalën në ndërtesën e brishtë, por estetike në arkitekturë, duke shijuar apelin e madh popullor. Kjo shije e dukshme që ka ardhur që nga shekulli i nëntëmbëdhjetë mbetet një shije që fitohet edhe nga vargu poetik i Nuriut, tek poezi të tilla që mbesin lajtmotiv popullor, "Maleve të atdheut tim"; "Shenjtërimi i drurëve"; "Kontrast"; "Është një mars" etj. Një lajtmotiv të tillë Kolë Ashta teksa analizonte "Prodhimin dramatik të Fishtës" tek revista "Shkëndija" (1941: 77-83) do ta quante 'mishnim shpirtëror'. Ndërsa për Dr Krist Malokin do të ishte 'kaptim kolorit' (Maloki, 1939: 25-27).

Ashta, Maloki dhe poezia e Plakut

Mes këtyre dy citimeve të sipë rcituara (Ashta, Maloki) është edhe poeti Nuri Plaku, që na e sjell poezinë me një kredo të veçantë poetike, duke përdorur metafora të reja (ose duke vënë gjërat në perspektiva të reja) në një përpjekje për të na bërë të shohim dhe ndjejmë gjërat sikur kanë ardhur dhe ndodhur për herë të parë. Kështu bën tek poezia "Tri pika zjarri", po kështu sjell elementë të rrinj tek pozi të tilla si "Jam mullixhi... S'jam mullixhi...!"; "Isha i vogël atëherë" ku tek kjo e fundit duket qartë mes këtyre përsëritjes së vargjeve: "Isha i vogël atëherë". Ja si kumtohet në varg kjo përsëritje me 'mishnim shpirtëror": "Isha i vogël atëherë/Kur më humbi aspra e Judës/Aspra që dikush ma dhuroi për datëlindje/Ndoshta njëra nga gratë e fshatit/Që ndiqte fëmijët nga pas me mallëkime/A ndoshta fallxhorja që i rrëfente nënës/Fillin e mpleksur të jetës sime./Isha i vogël atëherë/Dhe ende se njihja vlerën e monedhave të tilla/As mëkatet që shiteshin e bliheshin si njihja/As mëkatarë s'kisha qenë ndonjëherë/Veç puthjen time dikush mbi monedhë/E ngjiti të gatuar/Me bukë dhe verë./Isha i vogël atëherë/Dhe ende përdorja shaminë e bardhë të së nesërmes/Për të fshirë/Hundën e Pinokut të lodrave/Isha i vogël atëherë/Dhe qaja për asprën e humbur të Judës/Për asprën e Judës që dikush ma vodhi në fëmini/Ndoshta Pinoku që qeshte me mua/Dhe mbrapa shpinës sime/Tështinte pabesi. (Plaku: Poezia, "Isha i vogël atëherë").

Fuqia e vargut poetik

E tillë është fuqia e kësaj ideje mes poezisë. Qëllimi i saj është për të fuqizuar fjalën dhe për të shmanguar rezistencën për atë që fshihet pas "Isha i vogël atëherë". Qëllimi i poetit është padyshim për të na bërë të njohur, pa dyshim këtë aspekt të rrëndësishëm, se gjuha e poezisë është thjesht gjuha jonë e zakcnshme, që rinovohet dhe në këtë aspekt rinovimi mbetet fjala që duhet intensifikuar.

Kulti i natyrës dhe i dashurisë

Njëqind e dy faqet e romanit *'Dy dashuri'* të shkrimtarit dhe poetit Myrteza Mara mbajnë 'shtrydhur' mes germave të tyre një itinerar kohor që nis në pikun e vapës së Gushtit 2007 dhe bitis në muajin e shtrenjtë 'vlonjat' Nëntor, që shënon vitin 2009. Ndërsa me muajin e parë, Gushtin, janë të lidhur 'ngushtë' mjaft lidhje dashurish që forcohen me detin, diellin, dhe plazhin, me të dytin, (tek i cili del në dritë mendimi i Marës), muajin Nëntor, janë lidhje që historikisht mbeten korniza të arta lidhjesh jo vetëm me Vlorën, por edhe me gjithë shqiptarët. Të njëqind e dy fletët e këtij romani në fakt marrin ushqimin e tyre metaforik që në mbështjellje. Është ngjyrëdetësia që rrethon krejt këtë histori dy-dashurish. Janë simbolika që pikëtakojnë syrin e lexuesit që në kapjen e parë. Në fillim dy pulëbardha të lira në qiellin e kaltër, që shfaqen midis një hapësire të kaltër, mbi det, dhe në cep të një pjese toke trekëndore, ku dergjet një Yll Deti.

Dy pulëbardhat në fluturim, dallgët e qeta të detit, retë e shfaqura shkitazi në horizont dhe prania e yllit të detit, duken jo rastësi. E gjitha duket si një pikënisje tërheqëse në tërë atë disimetri që është ndërtuar më pas me linjën jolineare të rrëfimit. Këtë e përforcon edhe kopertina mbyllëse që 'mbytet' nga një blu e fortë dhe që jep në sfond të bardhën e përhumbur të pulëbardhës së vetme, me sqepin e gjatë të kuq dhe të zezën mbi kokë, duke na afruar një dimension kuq e zi në valëzim të qetë e premtues në perspektivë...

Një perspektivë që shihet nga Petraq Kote, Anëtar i Akademisë Europiane të Artit, si 'Një nivel i lartë i prozës bashkohore shqiptare'. Një perspektivë që vazhdohet nën pikasjen e Kotes si një thirrje në shqip nga prozatori i rinisë Myrteza Mara "Për botën dhe njerëzit", dhe që për të është vetëm 'Një dashuri e vazhduar prej Erinde...'. Sipas Kotes

"Nuk mund të ndodhte ndryshe te Altini, të cilin asnjëherë nuk e kuptoi socialiteti shqiptar, aq sa e kuptoi Niko Limani, një vjehërr i dyzuar ndërmjet urtësisë dhe mentalitetit. Dhe urtësia e dyzuar ndërmjet burrërisë dhe dashurisë prindërore. Dhe mentaliteti i dyzuar ndërmjet arkaizmit dhe bashkohësisë. Aq sa e kuptoi Altini, Altinin. Një roman modern tejet konciz, kontekstaul, kontemporan. Një organizim semantik i shkëlqyer dhe pse tek tuk ngrenë krye tempuj, kishëza krahinorie të kodit tonë të shenjtë, Gjuhës Shqipe."

Dhe si për të shtuar e përforcuar bashkëkohoren me simbolikën dhe metaforën e kësaj ideje të hershme autori na delegon me një filozofi të fuqishme edhe poezinë retorike "Kur do kthehet dielli?" (2011). Mes vargjeve të saj poeti Myrteza Mara vështron tej 'Perëndimin e pafajshëm/të diellit' dhe mes një lidhjeje anatematike ai na rikujton se është në vëzhgim e sipër duke na hapur siparin e mesazhit të tij 'e përcjell pragmbrëmjeve/me frikën e mosardhjes:/Ndoshta i zënë pritë,/e dhunojnë,/e marrin peng,/e lënë pa zjarr/dhe mua më mbeten/lotët e natës pa tharë?/Prometeu ka vdekur,/tok me legjendën,/po unë kë të pyes/"Do kthehet dielli?"/Mbështes mjekrën e zbardhur/mbi jastëkun e zi të natës/dhe lotët rrëshqasin,/si pikë zhive,/brazdave të faqes,/psherëtimat marrin udhë./Kur do kthehet Dielli?!" (Mara, Poezia: "Kur do kthehet dielli?" 2011).

Me diellin, detin dhe ngjyrëdetësinë, po aq edhe me fizionominë dhe historinë që e lidhin krejt hapësirën, kohën dhe vendin me të cilat shkrimtari bashkëudhëton janë prekjet metaforike që vijnë nga poezia e shkurtit 2000 "Lundërtar dhe shpresë" në vëllimin e tij poetik "Nisje e vonuar" (2003); poezia e Majit 2003 "Të dua Vlorë" në vëllimin e tij poetik "Gjurmët e heshtjes" (2005); poezia "Nusja e qiellit" në vëllimin e tij poetik "Qiriri i penduar: lirika dashurije" (2007) apo edhe tek novela tepër tërheqëse dhe kuptimplote e autorit "Lisiana" (2008). Në këto poezi dhe në mjaft të tjera botime të hershme të autorit që nisin me rininë e tij dhe pikëtakohen me

"Gruaja e një ëndrre të bardhë" (Toena, 2008) shkrimtari na parashtron një lidhje të fuqishme të kultit të natyrës me një nyjëzimlidhje teoriko-filozofike me kultin e shembëlltirave historike. Le të shohim paksa këtë lidhje mes kultit të shembëlltyrave ndjenjësore të dashurisë tek romani "Gruaja e një ëndrre të bardhë". Romani që i ka dhënë lexuesit shkrimtari para disa kohësh ka në qendër fabulën dhe idiomën e qartë të kultit mbizotërues në një lidhje historike dhe pikëtakuese se dashuria e ngujuar pas hekurave të shpirtit është një metaforë jete që duhet analizuar. Rreth kësaj dashurie zhvillohen ngjarjet e krimit, jeta në emigracion, që lëviz drejt vendlindjes, ku mundësinë e kap prej fyti pamundësia. Në qendër të romanit qëndron "ngjarja e padëgjuar ndonjëherë"(siç shkruan Gëtja, në një vlerësim të novelës së Cvajgut), që del nga e zakonshmja e jetës, bile veçohet edhe nga disa të padëgjuara të tjera. Autori nuk e ka kërkuar, por e ka jetuar ngjarjen, se shkrimtari di t'i zbulojë e t'i magnetojë "të pandodhurat". Kur e lexon romanin të duket sikur shkrimtari ndodhet aty "tek e pandodhura". Shkrimtari hyn në jetën e personazheve jo nga porta, por nga një derë dytësore, që quhet "dera e fshehtë e shkrimtarit" dhe bëhet vetë-personazh, "zot shtëpie" jo mik shtëpie. Nuk është e lehtë kjo. Diku shkruhet "Pyesni Myrteza Marën si mund të hyhet", por për ta mbrojtur atë ide sa më bindshëm dhe për ta popullarizuar sa më ndjeshëm e qëmtueshëm vlen të citohet tërë krijimtaria e këtij autori, ku duket si një lidhje organike jeta dhe dimensionet e saj, jashtë ndarjeve mekanike. Por ja pas një pyetje për të nga Vangjel Sako zbulohet edhe një fakt tejet domethënës: "Nuk mund të ketë ndarje mekanike midis personazheve të veçantë dhe idesë së veprës. Ato janë në unitet. Mendoj se e rëndësishme është të dish se çfarë duhet të arrish, çfarë kërkon autori të përcjell tek lexuesit e sotëm e ata të nesërm, tek koha e perspektiva. Ndërsa njohja e personazheve dhe veshja e tyre me artin e duhur është cilësi e autorit, e penës së tij, e aftësisë për të njohur tipa e karaktere të pranueshëm, jetësor. Nëse në vepër është një personazh negativ, kriminel apo hajdut, duhet të "bëhesh" vetë "hajdut, kriminel", pra autori duhet të ndihet nën lëkurën e çdo personazhi. Ndryshe vepra do thartohet sa të shfletosh faqen e parë. Në veprat e mija gjithë personazhet janë pjesë e shpirtit, e gjakut dhe e jetës. Tashmë ata janë "familja" ime. Para se të çoja për botim romanin "Dy Dashuri" kam qenë në mëdyshje të madhe për një personazh pozitiv, Erinda, të cilën unë e "vdiqa". Shpirtërisht kam vuajtur deri në depresion e përlotje." Kjo të detyron të adresosh më shumë vëmendje, më shumë arsye për të cituar Myrteza Marën si një shkrimtar bashkëkohor.

Jo vetëm vëmendje, Mara, një shkrimtar bashkëkohor

"Nemo cupido ignotum", që do të thotë nga latinishtja: çfarë nuk njihet, nuk duhet, duket se është mesazhi që shkrimtari dhe poeti vlonjat, Myrteza Mara, përcjell në tërë krijimtarinë e tij. Një prognozë, kjo, që ka lindur hershëm në shqetësimin letrar shqiptar. Hershëm, pra qysh në 1939-tën, kur një nga kritikët më në zë të asaj kohe, por që çuditërisht i mungojnë të dhënat bibliografike në arkivën letrare shqiptare, Andrea Shuli, do të diskutonte me guxim për "shterpësinë letrare" (Shuli; 1939, 31 Dhjetor, f.2. Gazeta: "Fashizmi"). Ai ngriti zërin në një kohë tjetër, me një problematikë tjetër, duke theksuar me të madhe se 'shterpësia politike', nuk vinte vetëm nga kriteret politike, por edhe nga nga mosnjohja, nga korrelacionet e kohërave, trajtimet klasike, apo edhe imponimi si "condition sine qua non", pra si interpretim i diktuar dhe i shtirur(po aty). Por, në thelb diktoi atë që në vite mbeti një dilemë filozofike e krijimtarisë shqiptare. Një dilemë që vonë u kryqëzua nga mashat e ndikimit marksist-leninist. Deri në ditët kur krijimtaria e shkrimtarit, Myrteza Mara vjen e bollshme, janë ende dihatje kritike të kësaj 'shterpësie letrare' edhe pse libra, botues, autorë, poetë e shkrimtarë kemi boll. Mara, ka ditur me një përkushtim kritik të dalë nga ajo bina që tejësohet në mesin e lavdisë së vetëshpallur kritike, duke krijuar hapin e tij të matur letrar, duke flakur tutje 'shterpësinë letrare', që më së shumti sot shfaqet edhe tryezave me krijues interesash, apo mes tezgave ku shitet libri për bukën e gojës, e që i ngjan shpeshherë fatit të rrobave në tregun e vjetërsirave. Fati e solli rastësisht të gjeja dhe lexoja krijimtarinë e Marës. Vlora e tjetërsuar, dhe një ditë mes krijuesish vlonjatë, më solli këtë shans të ndjehem mirë nën peshën e vargut, letrave dhe talentit të tij. Nuk mjafton një orë, një bisedë, një njohje spontane, … natyrshëm as edhe një respekt rasti. Natyrshëm mes një mjedisi letrar nuk është as e lehtë as edhe e vështirë të ndezësh motorët e të frysh e shfrysh energjitë. Por, kur e ndjen se je flakur tutje 'shterpësisë letrare' që sundon sot këndeve me 'letrarë të ndezur' natyrshëm meriton të kthehesh në një lexues inteligjent. Kësaj rradhe m'u diktua nga pesha e fuqishme letrare e shkrimtarit, Myrteza Mara.

Autori, jeta dhe vepra

Myrteza Mara ka lindur në Vlorë në vitin 1943. Ushtarak karriere me arsim të lartë. Është autori i dhjetë librave me poezi, i dy novelave dhe një roman. Myrtezai është një intelektual i përkushtuar në qytetin e Vlorës. Nga viti 2006 drejton Shoqatën e Shkrimtarëve "Petro Marko" në Vlorë. "Mirënjohje e qytetit të Vlorës" për shkrimtarin Myrteza Mara u dha nga kryebashkiaku, Shpëtim Gjika në Vlorë më 20 Prill 2010 me motivacionin: "Për kontribut të veçantë në fushën e kulturës, për krijimtari të spikatur në fushën e letrave dhe botimeve, duke krijuar një imazh pozitiv për Vlorën dhe komunitetin e saj. Për nxitjen, inkurajimin dhe mbështetjen e vlerave krijuese e artistike të autorëve vlonjatë në fushën e poezisë dhe prozës"

Botime në poezi: "Ku është parajsa", "Mëkati i botës", "Nisja e vonuar", "Dielli i puthjes", "Në portat e iluzioneve", "Dëshmitarja e verbër", "Kur do kthehet dielli", "Nën hijen e

një ëndërre", "Gjurmët e heshtjes","Qiriri i penduar". Në
prozë: "Faji i bukur" novelë, "Lisjana" novelë, "Semaforët e
Thyer" roman, "Gruaja e një ëndrre të bardhë", novelë. Por,
nuk është ky thelbi i leximit të shkrimtarit, Myrteza Mara.

Stili i autorit si pikënisje

Nuk është sasia produktive e veprave të tij, as edhe aritmetika
e krijimtarisë së tij të larmishme, si në poezi e në prozë, por
dicka tjetër në këtë rast. Është stili i tij, vlera e krijimtarisë së
tij. Dy fjalët e fundit, stili dhe vlera janë dëgjuar shumë në
mesin e krijuesve, analizave dhe kritikave letrare, apo edhe në
salla me promovime, por kur ngjizen në krijimtarinë e Marës,
ato marrin një dimension tjetër. Dimension që vjen nga disa
faktorë. Ndër më kryesorët janë: pjesëtimi detajues i faktorëve
nxitës, rrëmimi në gjuhën popullore dhe stilistikën letrare,
zhdërvjelltësia e zbrazëtisë dhe rindërtimi konceptual, termi
dhe terminologjia filozofike e fjalës dhe mesazhit të veprave të
tij. Duke u ndikuar nga këto veçori të veprës së Marës,
natyrshëm e ndjejmë me vend të klasifikojmë krijimtarinë e tij
në stadin që e meriton, t'a kthejmë rolin vëzhgues e kritik në
apriori. Dhe këtë ai e meriton, aq më shumë kur diktohesh nga
ide që janë shfaqur herët e që sot komunikojnë ndjeshëm
përpos timbrit filozofik në hapësirë, kohë e vend, në të cilin
Myrteza Mara ka marë një dimension të rrëndësishëm.
Prognoza artistike dhe dialektika e jetës Leximi i poezisë dhe
prozës së shkrimtarit, Myrteza Mara, nuk është një arsye që
shënon larminë gjeografike të krijimtarisë, as edhe një detyrim
kondicional. E bën këtë një shtysë që vjen nga argumenti.
Argumenti filozofik. Në rregull. Vetëm kaq?! Çfarë ka filluar
si një oportunitet në leximin e prozës së tij në veçanti,
konsiderohet si një hapësirë dhe një afrimitet në fushën e
punës së artit, ndryshe që në kulturën dhe analizën
perëndimore quhet një konsideratë e 'art-punës'. Ajo ka nisur
si një domosdoshmëri për të flakur spekullimin letrar të

vargëzimit apo edhe të renditjes së fjalive në prozë, jashtë prognozës artistike të ndikuar nga hapësira dhe zbrazëtia. E premtuar në filozofi nga Heidegger dhe e zhvilluar më tej nga filozofë të tjerë, arti dhe hapësira në krijimtarinë e Myrteza Marës, merren në konsideratë tek "Gruaja e një endrrë të bardhë" që vjen në formë të plotë me një fabulë të arritur artistikisht "Ana e bukur, vajzë e një familjeje të varfër, pasi ka dështuar në dashurinë e parë, bën kompromis duke u martuar me Dividin". E gjitha kjo hapësirë në kuptimin filozofik të jetës që ndikohet nga dashuria, krijohet në një lidhje të ngushtë me depërtimet në labirinthet e njohura e të panjohura të vetë fatit të individit në shoqëri, ku e vetmja distancë shprese krijohet nga pasazhet ku shpresat jetëdhënëse zbulojnë një gjuhë tërheqëse. Në rikonsiderimin e aestetikës dhe huntologjisë, si dy teori që ndikohen dhe ndërlidhen me krijimtarinë e Marës, ku e para formon kriterin art-ndikues dhe e dyta lidhjen filozofike me pikasjen figurative të fateve njerëzore në hapësirë dhe zbrazëti, romani "Gruaja e një endrrë të bardhë" vjen si një model proze, që vlen më shumë vëmendje.

Mes termave filozofik 'marëdhënie' dhe 'dialektikë'

Në këtë vëmendje natyrshëm termat 'marëdhënie' dhe 'dialektik' kanë një hapësirë më të zgjeruar. Duke iu referuar konceptit filozofik të Derridës, në tërë strukturën artistike të "Gruaja e një endrrë të bardhë" identifikohet kuptimi i artikulimit dhe spektri imperativ (kryesor) që mbart jo vetëm fabula, por edhe tërë struktura ndërtuese dhe kompleksi letrar. Është në fakt ajo që shprehet rreth këtij libri "Që një ëndërr të bëhet realitet kërkon punë, mund, lodhje e durim. I riu Sotir, një emigrant në Greqi sheh se si i digjet shtëpia e vjetër ku gjendej nëna dhe qeni i tij besnik. Ana e bukur, vajzë e një familjeje të varfër, pasi ka dështuar në dashurinë e parë, bën kompromis duke u martuar me Dividin, një njeri shumë i shëmtuar që do të kthehet në makthin e saj. Shëmtia është pasqyrim i shpirtit të tij të zi. E keqtrajton Anën pse është e bukur, duke dashur kështu të luftojë mirësinë, bukurinë dhe vetë Zotin. Misteri sa vjen e zbulohet. Është Dividi ai që ka vrarë nënën e Sotirit për t'i rrëmbyer kursimet e këtij të fundit, por nuk del i pashpërblyer, sepse qeni e ka shfytyruar atë, duke e kthyer në gjendjen që është. Ëndrra e bardhë bashkon Sotirin dhe Anën. Kjo është fabula e romanit më të ri, i sjellë me penën e një mjeshtri në duart e leximdashësve."

Janë këto marrëdhënie dhe dialektika që paraqesin mes arsyes dhe lidhjeve në roman diskursin e motivimit. Ky diskurs është një mjet që shihet thuajse në mjaft nga krijimet e këtij autori. Shihet tek poezia "11 Shtatori" (Mara, Korrik 2004; "Gjurmët e heshtjes") sidomos tek vargjet që lidhen me verbërinë e shpirtrave: "Verbëri shpirtrash të verbër,/shpagë hakmarrje/apo klithmë nate/përmbi varre?!" Në këtë poezi janë motive që lidhen me verbëri shpirtrash, varre, klithma nate si metafora të anatezave jetike, si paramtema kritike të kundërshtive mes jetës dhe produktit të saj në lëvizje e sipër. Por më saktë ky diskurs duket edhe tek modele të tilla si "Hëna kurbatka", "Dheu im" etj. E më së qarti tek "Lisiana".

Diskursi i motivimit

Duke vazhduar më tej edhe me këtë pikasje, esencialiteti kryesor jo vetëm që motivon diskursin, por edhe kumton një funksion të veçantë në funksionimin e lidhjes me fabulën në tërësi si një funksionator apo edhe një rregullator topologjik i variacionit letrar. Ky mjet topologjik që gjen fuqinë e argumentit dhe fjalës, kapërcen një rrugë pikëfilluese dhe shkon deri në një rrugë që synon majat letrare. Myrteza Mara, ka një lidhje të qartë e të plotë në këtë rrugë të ndjeshme proze. "Lisiana", është një fakt tjetër. Koha dhe detaji artistik në të kanë po ato vlera artistike dhe filozofike. "4 korrik... Ashtu padashur, si një aventurë gati-gati fëmijërore nis gjithçka nga një telefonatë... Lisiana, një studente jetime, pasi bën një telefonatë rastësore gjen një mik që do të kthehet në engjëllin e saj mbrojtës. Agim Adili është një burrë rreth të pesëdhjetave, i ve. Ai mendon se jeta për të ka mbaruar, por ja ku del një rreze shprese për të. Ata do të qëndrojnë pranë, por veçse përmes telefonit. Ndjenja që sa vijnë e rriten pa u përplasur asnjëherë me njëra-tjetrën dhe shkaktojnë "vuajtje" të ëmbël. Dhe kur ndodh të takohen..." Në këtë pikë diskursi i motivimit arrin të depërtojë në llogari të finksionit artistik, që rradhë herë mund të shihet si një fakt dhe fat letrar në fushën krijuese. Këtu pikërisht ka ndikim edhe zbrazëtia si motiv filozofik. Zbrazëtia është ndërtuar në këtë novelë si një kundërthirrje për plotësimin e distancës jetike të ndikuar nga faktorë të ndryshëm. Pra, duke udhëtuar mes ritmit artistik të krijimtarisë së shkrimtarit, Myrteza Mara, natyrshëm gjejmë dhe diktojmë arsyen të themi se ndaj krijimtarisë së tij duhet jo vetëm vëmendje, por Mara, është një shkrimtar bashkëkohor me vlera të arrira në krijimtarinë letrare shqiptare.

Shpirtdhimbja e poetit që krijon bukurinë në fjalë

Mu deshën pak kohë që të lexoja poetin Arqile Gjata. E pashë poezinë e tij në vite. Pashë edhe energjinë e tij të veçantë. Por ngula në mendje poetikën e tij të mprehtë e të veçantë. Është një poetikë që del nga shpirti, nga ndjenja, nga të gjitha anët e komponentit përbërës të shpirtit të tij të dhimbshëm, përvuajtës. Më së fundi rilexova ciklin më të ri të tij, „Nata e Dhimbjes" dhe fiksova sërrish këtë poet që flet qartë, që ka stilin, gjuhën dhe vargun e tij. Është një poet që krijon dhe lëvron vargjet e lira, sepse ato janë të çliruara nga metri, dhe se natyra e çiltër e tij është e tillë, e lirë, e çliruar nga gjetja dhe humbja e kohës. Vargu i poezisë së tij në të shumtën e rasteve është i çliruar nga ritmi i rregullt, por ka në thelb ritmin fjalëmesazhier, është i çliruar nga rima, por ka sensin e një të lexuari rrjedhshëm, me nge, kuptueshëm. Në poezinë e Gjatës, gjejmë muzikalitetin e një poezie me varg të ndërlikuar që mbështetet në organizimin e njësive ritmike të rëndësishme dhe në ritmin që organizon njësitë kuptimore dhe tingëllore. Mjafton të lexosh ciklin e tij të fundit dhe të kuptosh këtë. Tek poezia „Fjalët" e gjejmë atë dukshëm. Tercina (strofa treshe) e tij flet qartë:
„Kur fjalët bëhen re të zeza,
e vijnë me pickama mbi dritaret e shpirtit,
ato bëhen gra të përdala...."
Dhe po ta shohësh këtë poezi se është realizuar në Athinë më 8-11-2008 ora 20:40, natyrshëm e kupton edhe shpirtin e përdhimbur të poetit, shpirtin e një krijuesi që tashmë flet qartë dhe ka gjuhën e tij të vërtetë, tipike. Me ndjenjën e leximit të poezisë së tij dhe me ndjenjën e një poezie që më ndjeu pashë se vargjet e tij janë një peshë e rëndësishme fjalësh që ashtu si

atëherë kur u shfaqën në poezinë evropiane me emërtimin në gjuhën franceze (ku dhe ka lindur) vers libre – varg i lirë. Këto vargje lindën atëherë si shprehje e nevojshme e nevojës së brendshme të poetit si një domosdoshmëri e strukturimit të përmbajtes, dhe tashmë në ciklin e Gjatës kanë një arsye më shumë të lindin e fiksohen si të tilla, pasi ato pasqyrojnë botën e tij të brendshme e të ndjeshme. Ky strukturim i tij në poezi lidhet me poezinë moderne, që ushqehet pikërisht nga rrethana të tilla.

Por këto shenja të tilla poetike, që shmangen nga tradita e vargëzimit i gjejmë edhe në poezi të tjera të këtij cikli dhe të krijimtarisë së tij. Madje ato kanë lidhje edhe me krijimtarinë e hershme poetike shqiptare që tentoi këtë shmangje nga tradita e vargëzimit. Asdreni tek „Psallme murgu" (1930) krijoi dhe strukturoi në këtë mënyrë. Kadare krijoi „Llora" dhe në mënyrë perfekte realizoi një dukuri që tashmë duket e zakonshme në poezinë e Gjatës. Poezia „Llora e Kadaresë ka një ngjashmëri në strukturë dhe në filozofinë e shprehjes me poezinë e Gjatës, „Poetët e Harlisur".

„Poetët e Harlisur
brigjeve të fjalës,
dhëndurë të poezisë syshkruar,
mos ma prishni buzëqeshjen e varrit të nënës.
Nga cepat e vargjeve rrëshqasin lot dhe shpresë,
Jo copra litari për fjalën e lirë...... »

Duke parë poezinë e Gjatës në kënd më të ngushtë, shikon edhe fuqinë e personifimit të tij poetik, që krijohen në lidhje të ngushta me shpirtin e tij, me ndjeshmërinë e tij. Janë 'dhëndurë të poezisë syshkruar' që poeti u vesh poezive syshkruara, këtyre gjërave pa shpirt, sikur ndjejnë dhe janë tamam ajo plotësja e shpirtit dhe ndjenjës së poetit.

Një tipar tjetër dallues në këtë cikël poetik të krijuar nën peshë emocionale është edhe elokucioni, që ka të bëjë me zgjedhjen e fjalëve dhe vendosjen e tyre në varg, në mënyrë të tillë që të ushtrojnë ndikim sa më të madh. Dhe këtu shihen qartë,

146

sidomos tek poezitë « Pagjumësia. », « Rrugëve të Fjalës », « E shkriva moshën » siç janë shprehësia, qartësia, veçantia, pastërtia gjuhësore, eleganca, veçantia ideale, harmonia etj. Stilistika letrare e poezisë së Gjatës është një funksion i qartë dhe një harmoni e nevojshme në lidhje me gjithë detajet e poetikës. Këtu mer jetë poezia e tij dhe mbetet si një krijim ritmik i botës së tij të brendshme e të ndjeshme. Edgar Allan Poe thotë : « Poezia është krijimtari ritmike e së bukurës në fjalë ». Dhe këtë e kryen edhe poezia e këtij poeti në shpirtdhimbje.

Refleksione në prag të ditëlindjes

Arqile Gjata para disa ditësh në prag të ditëlindjes së tij rrëmoi në arkivat e tij letrare dhe na solli edhe ditëlindjen poetike të tij me një poezi të krijuar aty nga vitet 1966-të. Poezia "Shqerka" na sjell mes vetë vargjeve të saj këtë ditëlindje poetike në një prag me Ditëlindjen fizike të poetit. Kjo poezi citon:

"Shqerka mbetur aty,
    si më parë
    në një fletore.
        E bukur si një lule,
        me fustan të bardhë.
        E mallëngjyer
        i gëzohej vështrimeve...
Luleshqerka me sy të njomë
si deti,
e buzë qumështor,
nxitonte...
me gjoksin rritur nëpër ëndërra.
        Sytë e saj luanin me ngjyrat
        e dëshirave
        dhe ca rënkime nxirte dita-ditës.
Luleshqerka,
si era e detit, iku,
e larguan....!

Nga koha kur   Arqile Gjata e ka shkruar këtë poezi në Selenicë-Vlorë, pra e ka shkruar më 1966-en dhe përpunuar këto dite që po qëndron në Vlorë, pas një rikthimi nga emigrimi në Greqi, përbën një fakt real në rrugën e hershme të poetit, por me shumë domethënie në rrugën e tij të gjatë e të pjekur. Kjo poezi është një pikëtakim malli me njeriun e mirë, familjarin, poetin që sjell gjithmonë freski rinore në moshë të tendosur jete. Të takosh Arqile Gjatën, natyrshëm është njerëzore. Takon një njeri me vyrtyte, me moral, ndjenjë, arsye dhe dashuri njerëzore. Një njeri që mbart mbi supe e rrudha amfiteatrin gjigant të një jete me potere, zgrima e ndukje të tëra transformuese. Por, ke takuar Njeriun. Të takosh poetin Gjata është kërkesë. Është jashtë çdo plani, jashtë çdo lidhjeje tjetër, se është Poezia. Është poezia e tij që vjen në kohën e duhur, e pjekur dhe jo e 'zhuzhatur'. Para disa ditësh ja ç'më shkruante ai edhe pse konfidenciale unë mendova se për poetin duhet pak 'publik'. Duhet pak ajër dhe liri edhe në 'konfidencialitet'! Dhe konfidencialja në fakt është vetë vyrtyty që e ndjek Njeriun e pastër Arqile dhe Poetin e mençur, Gjata: "Kur vendosa që të shkruaj poezi, kërkova dhe i thashë vetes, të kem në vëmendje këto kushte parasysh:

1-Për moshën që kam dhe për atë përvojë të domosdoshme të përfituar nga koha, jam munduar të mos përsërisë atë që kanë thënë të tjerët, por duke pasur gjykimin e mendimin tim poetik të ndryshëm nga të tjerët.

2- Jam munduar që poezinë time mos ta reduktoj vetëm tek mesazhet që mund të përcjell, por dhe të krijoj një realitet poetik, që sigurisht sot, apo nesër do më gjykojnë.

3-Gjithashtu kam pasur shumë parasysh mendimin e Nekrasovit të madh kur thotë: ''Poet mund të mos jesh, por qytetar duhet të jesh''..."

Kështu në prag të aritmetikës që numëron vitet e tij, vitet dhe vargjet e djersshme poetike dhe jo thjesht vargore, kjo aritmetike që shënon së shpejti 70-të, duket se është në një cep të flortë rinor ku vitet kapërcehen lehtë dhe sfidojnë elementaren e një aritmetike tip gozhde në jetë. Në hapësirën e kësaj metafizike, poezia e tij është më shumë se 'refleksion në prag të ditëlindjes' të cilën ne do ta shpalosim pak më herët, duke thyer edhe një zakon të festimit dhe urimit të saj në ditën dhe datën e duhur, por të rikujtimit të saj logjik në një kohë që duhet të mbetet pak më gjatë mes nesh, të paktën në ditët që gjallojnë me poetin e poezinë e tij. Arqileja, ky poet që ka vënë gjrmët e tij me poezi në mjediset letrare shqiptare, shprehet: ''Krijimtaria poetike i përngjan asaj vijës së horizontit, të cilës sa më shumë i afrohesh, aq më shumë ne (krijuesit) i jemi larg saj.'' Me këtë dua të them thotë Gjata, se, unë jam një gjethe në një pyll të pafund të poezisë. Por, kjo 'gjethe' më duket se meriton më shumë se sa një 'rrap' që ka mbetur vitesh e vitesh në një korrije me lëvdata të urdhëruara. Arqile Gjata, poeti vlonjat tashmë me emrin e tij në letrat shqipe, edhe kështu si një 'gjethe' me tërë funksionin e saj të pastrimit të CO_2 –shit dhe të prodhimit të O_2 të pastër poetik natyrisht meriton më shumë. Më shumë në këtë ditëlindje të tij të 70-të! Me këtë rast në këtë ditëlindje të dyfishtë të poetit po sjellim për lexuesin gjithë poezitë e shkruara nga poeti në harkun kohor Janar 2011 deri më datën 5 Qershor 2011. Të gjitha janë të shkruara në Athinë dhe një pjesë në Vlorë.

Kur Vlorën e njeh nga libri...

...nga emri i shkrimtares, Vilhelme Vranari Haxhiraj

Jemi mësuar t'a njohim Vlorën nga Deti, historia, kultura, tradita, lajmet, ... por edhe nga letërsia e krijimtaria. Pra, nga arti! Arti i fjalës, ky grupfjalësh filozofik, që erdhi nga goja e Plato-s, nga filozofia e hershme e fqinjit, vetëm disa kilomentra larg Vlorës historike, po aq filozofike sa shfaqja metafizike e konceptit, ishte togfjalëshi që grumbullonte në zemër të Vlorës, krijues, protagonistë të Artit në një organizim model. Një organizim që të bënte të njihje Vlorën, pse jo edhe ndryshe, edhe nga një emër tjetër, nga emri i shkrimtares, Vilhelme Vranari Haxhiraj. Pra, të njihnim Vlorën edhe nga libri?! Libri...?! Ky problem ishte disi i trazuar sa edhe rruga që të trazon drejt Vlorës. Po, pse?

Nisja dhe rruga

U nisa nga Elbasani drejt Vlorës për të marrë pjesë në promovimin e romanit më të fundit të shkrimtares Vilhelme Vranari Haxhiraj, jo thjesht si një pjesëmarrës, por si një protagonist, pasi pata rastin të redaktoja dhe analizoja këtë roman kohë më parë se ai të shihte dritën e botimit nga Shtëpia Botuese, "Nacional" me përkujdesjen intelektuale të poetit, publicistit dhe përkthyesit të talentuar, Mujo Buçpapaj. Në makinën me targa italiane, e ngarë me kujdes të trefishtë, nga vëllai im, Bashkimi, një i diplomuar në Histori-Gjeografi, por me punë në Prato të Italisë, ndodhej ime shoqe, Luçiana, e cila kishte lënë Londrën dy javë para se unë të nisesha për këtë mision letrar drejt Vlorës. Kështu përkujdesja dhe vëmendja në timon e vëllait-shofer, më kishte lënë më tepër mundësi të kundroja deri në detaj udhëtimin dhe të fiksoja të 'harruarat' apo ndryshimet në këtë itinerar: Elbasan-Vlorë. Natyrshëm, ndalesa e parë ishte ushqimi. Ushqimi për makinën, pra karburanti dhe ushqimi për udhëtarët, pra për treshen në makinën shtatë vendëshe. Në të dalë të hyrjes së ish-Kombinatit Metalurgjik, në anën e majtë të rrugës që shënon 55 kilometrat për në Tiranë, pika e karburantit "Eurodrin" ishte stacioni i parë i përkohshëm. Vetëm disa minuta dhe një shumë tremijëlekëshe në dorë të ustait me uniformë dhe makina sërrish në rrugën e saj. Pas disa minutash ishte ndalesa e kafes së mëngjesit. Një kafe ekspres, të cilën vëllai im e gëllti gati me dy herë të ngritjes së filxhanit. Unë me time shoqe, e shijuam për disa minuta.

-       E pive kafenë shpejt? – i them vëllait.
-       Kështu e kemi ne 'italianët' dhe qeshi...Kështu e pimë ne në Itali ekspreson në mëngjes, se ikim me vrap tek puna, - përfundoi ai, ndërsa unë vetëm tunda kokën dhe i hodha sytë një furgoni. U afrova afër. Shoferi po kryente ritualin e zakonshëm të mëngjesit dhe të kafesë.
U përshëndeta me pasagjerët dhe si për inerci të profesionit të hershëm të gazetarit hyra në bisedë...
Në furgon, veç të tjerëve, ishin edhe dy gra, të cilat kishin banuar më parë në qytetin për ku isha nisur, por më pas kishin ardhur me banim në Elbasan. Duke qenë se kishin lindur në Vlorë e njihnin shumë mirë këtë qytet. E para, një mesogrua bjonde, më dha menjëherë muhabet e unë përfitova ta pyes për udhëtimin drejt Vlorës.
-       "Rruga është e mirë, por kujdes mos ju zërë trafiku afër Vlorës..., se pastaj për tre orë s'dilni dot..."- shtoi ajo. Tjetra miratoi me rrudhjen e ballit dhe shtoi:
"Rrugën e Vlorës, e keni deri në Fier, pastaj e keni thuajse atë që keni parë vite më parë, ... po po vite më parë...". Për të shkuar në Vlorë duhet të tundesh e të shkundesh në rrugën për faqen e zezë", vazhdoi ajo. Dhe kishte të drejtë. Pasi përshkuam një rrugë shumë të mirë nga Elbasani në afërsi të Rrogozhinës, na u desh të kalonim mes përmes qytetit të

Rrogozhinës, në një rrugë me gropa të thella, ku diku thuhej nën tabelë shkrafanjitëse "në ndërtim" duke udhëtuar në drejtim të Kavajës, se ura dhe rruga e vjetër që të shpien në drejtim të Lushnjës ishin amortizuar dhe të pakalueshme. Në këtë pikë trafiku dhe njerëzit kalimtarë ishin personazhet më bezdisës. Ora 07.07 na gjen në fillim të kësaj proteste nervore të stresuar e shpirtërore. Shoh tabelën që sinjalizon punime në rrugë, por nuk shoh eskavatorë, nuk shoh rulat e mëdhenj që ngjeshin zhavorin, nuk shoh edhe supervizorët që bëjnë me shenjë se deri ku ka arritur puna, gjëra të cilat i kisha parë një ditë më parë kur u ktheva nga Rinasi në autostradën që lë pas Durrësin...

Eh, thashë me vete, duke kthyer sytë nga im vëlla dhe ime shoqe, ku ka guidë më të mirë se këto udhërrëfyese të sinqerta prej Vlore që dinë mirë çdo detaj. Ndërsa im vëlla, që e njeh mirë rrugën Elbasan-Lushnjë, pasi e ka nusen nga Lushnja, tundi kokën me një mosmiratim dhe i dha gaz makinës...

-Rrugët, ah rrugët, - shtoi ai. Rrugët janë bërë tani shumë të mira, por drejtuesit e makinave, janë bërë të padurueshëm. Shih si parakalojnë. Në çast një makinë, tip benz, parakaloi në krahun tim, dhe unë në cast nuk e nuhata gabimin, pasi m'u duk se isha në Angli, ku timoni i makinave ndodhet në të djathtë. Pas, shkundjes së kujtesës në çast, tunda kokën dhe ktheva sytë nga Qielli, ku në heshtje mërmërita: "O Zot i Madh!".

Ndërsa pas 5 minutash gëzohemi si fëmijë se rruga më në fund mori frymë, pikërisht aty ku ca baranga me teneqe, akoma janë si modele kujtese të një kohe mallkuarqofti...

Superstrada ishte e mbaruar në të dyja drejtimet. Një superstradë që të shënon në kilometrazhin e makinës 40 minuta, pra vetëm kaq pak minuta në një rrugë të mrekullueshme nga Lushnja në Fier. Më në fund në Fier, në qendër të qytetit arritëm në orën 9.20 minuta. Më saktë ishte ora që të takonim dy krijuesit e talentuar fierakë, Petraq Kote dhe Nuri Plaku, dy drejtues të krijuesve nga qyteti që tashmë ka një emër të ndjeshëm në tërë krijimtarinë shqiptare.

Nga Ura e Mifolit drejt Vlorës, rrugën ta bënin më të lehtë dhjetëra ambulantë që tregtoni prodhime natyrale të freskëta. Rrush, fiq, dardha e pemë të tjera servireshin për udhëtarët, ndërsa vëmendjen duhej natyrshëm ta kishe tek rruga dhe trafiku që sa vinte e ngjeshej...

Në hyrje të Vlorës

Në hyrje të Vlorës, një parrullë e mbetur nga zgjedhjet e shkuara të kujtonte Çamërinë. Diku të kujtoheshin edhe 'metastaza' të një kohe të tmershme, edhe ..., por këto ishin vetëm risqe kohore të mbetura pas. Vlora kishte dritë. Kishte Diell dhe temperatura shënonte tridhjetë e gjashtë gradë Celcius nën kabinën e makinës. Celulari cingëroi dhe vëmendja ishte tek Vilhelmja që na priste përballë "Riviera"-s...

"Vlora "sofra e librit shqip", përuroi në pallatin e Kulturës "Labëria " një qendër kulturore kjo me vendodhje në Skelë , tre libra të një prej autoreve krijuese më prodhimtare në 20 vjetët te fundit Vilhelma Vranari Haxhiraj", do ta niste shkrimin e tij Poeti dhe krijuesi vlonjat, ish kolegu im i ditëve të vështira në shtypin shqiptar, Gëzim Llojdia, në revistën "Nacional".

Dhe Gëzimi, miku i mirë e i qetë vlonjat, kishte të drejtë në shkrimin e tij. Një sallë plot. Krijues nga të gjitha zhanret. Kolorit arti dhe kulture mes moshash të ndryshme. Një lajtmotiv tipik vlonjat. Një gërshetim melodioz i vlerave bashkëkohore, që ritransmetojnë mesazhin e brezave. Një atmosferë që rrezatonte kulturë dhe tingëllonte model. Fitimi, një protagonist i domosdoshëm i skenës, një emër që ka gdhendur mes vitesh talentin e tij, natyrshëm ishte 'medalioni' i merituar i promovimit, por jo ai i titullit të romanit më të fundit të Vranarit, bashkëshortes së tij të shtrenjtë, shkrimtares, që i ka dhuruar emrin e saj Vlorës, nëprmjet një vrulli maraton krijues, mes shtrydhjes disavjeçare të memorjes. Prapë Llojdia vazhdon duke shtjelluar në shkrimin e tij dhe duke na ardhur në ndihmë: "Ajkën e këtij përurimi e përbënin studiues, krijues dhe lexues të letrave shqipe."

Tre librat e Vranarit që kishin rastin të vishnin 'kostumin' e nusërisë letrare ishin arsyeja që mbushej salla. Vëllimi me poezi shqip dhe rumanisht, "Rrënjët"; përmbledhja me përralla "Kuçedra" dhe romani i mirëpritur "Dritëhijet e medaljes enigmë" ishin një pjesë e aritmetikës së ngjeshur të krijimtarisë së autores vlonjate, tashmë me një arsye globale në krijimtarinë shqiptare. Një arsye që vjen jo thjesht nga aritmetika, apo koha, por nga ideja dhe tema që fokusohet në një kënd trans-komunikues të përditësisë dhe difuzionit të saj me problematikën e ardhur nga shekujt, si një dialektikë e filozofi që kërkon ende shërim: patriarkaliteti dhe korrupsioni. Dy sëmundje që shërrohen dhe infektojnë sërrish qeniet njerëzore...

Patriarkaliteti gjithmonë përpiqet të gjejë forma dhe metoda të ndryshme për të pikturuar gratë me tre qëndrime diversive dhe të debatueshme. Tre qëndrimet që vetëm diktohen me 'grua të devotshme', 'grua për burrë' dhe 'grua model' janë vetëm pjesë e një ajsbergu me të cilin ushqehet dhe është ushqyer politika. Këto në fakt, janë qëndrimet e fshehura që bazohen tek 'shijet' që diktohen nga epshe mashkullore, epshe që vijnë e diktohen pas dëshirash të sëmura që shpesh riskohen pas të qënit një "femër me aromë" apo 'perëndeshë e perëndeshës'. Thjesht objekte frymore, vetëshpallëse për syrin e mashkullit. Kjo në disa raste edhe për syrin bashkëshortor. Pra, edhe kur ky është bashkëshorti i saj (?!) Në këtë patriarkalitet shpesh gjejmë një "vetquajtje më pak njerëzore, pra një njeri që në fatin diversiv të tij, vjen si një modulitet i pakapshëm, më saktë si një 'Perëndeshë', duke harruar këtë femër se duhet të jetë ajo me atë që së pari lidhet me kuptimin e mirëfilltë 'një nënë të përkushtuar', dhe një femër tipike, pra një njeri, thjesht me sensin: njeri të pastër. Këto ide që shkrimtarja Vilhelme Vranari (Haxhiraj) tenton t'i fusë në kalibrin e saj dialektik me romanin e ri "Dritëhijet e medaljes enigmë…" janë aspekte filozofike me të cilat ajo tenton të zbulojë botën e ndrydhur femërore në lidhje me mjaft situata të zhdërvjellta, por gjithmonë nga këndi i vëzhgimit mashkullor. Duke vënë personazhin e saj, Edlirën, në rolin e paramenduar bukur, Vranari sfumon atë varg që lidhet me aspektet që sipas mendimit tim, janë mjete të politikës seksuale që patriarkaliteti i sëmurë i një sistemi të kalbur është përpjekur t'i vendosë në siparin e tij politik e më pas me to të luajë si një modul intrigues apo si një mostër-politikë të shpallur për gratë e të gjitha moshave. Ky lloj patriarkaliteti gjithmonë tenton t'u bëjë kurth grave, me një 'ideal' të sëmurë, duke mohuar individualitetin e tyre. Në të gjitha këto tri qëndrime, grave thjesht u mohohet sublimiteti jetik, që është qëllimi origjinal i lirisë së tyre. Këto tre qëndrime e kanë kthyer gruan, pra atë grua që trajton shkrimtarja Vranari, thjesht në objekt. Duke udhëtuar mes këtyre detajeve sublime e të prekshme, "Dritëhijet e medaljes enigmë…" bëhet një bashkëudhëtar i qetë nga fjala në fjalë, nga grupfjalëshi në togfjalësh, nga fjalia në fjali dhe nga faqja në faqe. Kapitujt bëhen më të kapërcyeshëm dhe leximi të jep kënaqësi. Mes fletëve të romanit, dashuria, lakuriqësia, butësia e lëkurës, freskia dhe aroma e trupave, po aq edhe koha, aspektet që lidhet me çiftin burrë e grua, ajo që lidhet me ndjesinë, kohën, profesionin, suksesin, biznesin, fëmijën e çiftit me emrin Igli, pastaj gjeografia që lidhet me masterin e studimeve të Edlirës, e që fillon me tërë ato emra Itali, Çeki, Greqi, Rumani e përfundon në Angli, është një arsye më shumë që të lehtëson udhëtimin filozofik për të kuptuar të plotë lidhjen jetike dhe arsyen me profesionin e bukur të gazetares, të gazetares së lidhur edhe me ATSH-në. Vranari kështu luan jo thjesht me atributet e artit dramatik në prozën e saj, por në mënyrën më të përsosur të arsyes gatuan fabulën mes dramaciteteve të jetës bashkëshortore për të plotësuar mesazhin sublim. Janë këto mesazhe sublime që merren me tema të tilla dhe me interes të pranishëm për publikun, për të cilat ato janë të shkruara, ashtu si edhe të luajtura në heshtje me dramatizim të madh. Për një audiencë shqiptare të kohës sonë, marrëdhëniet bashkëshortore shfaqen me interes vital, por janë edhe marrëdhënie që diktohen me problematikën e tyre. Për një audiencë të ditëve të sotme, në rrafshin më të gjerë, lidhja e cituar nga Vranari me tërë problematikat e saj është e një rëndësie të lartë edhe për kultura të tjera. Marrëdhëniet shoqërore, të cilat janë duke u bërë gjithnjë e më të theksuara në mendjet e njerëzve, dhe të cilat mund të jenë të destinuara të jenë subjekt tjetër i madh për artin, i nënshtrohen jo rastësisht penës së mjaft penave sot në botë. Shumica prej nesh janë ende në mes të luftës së përzgjedhjes për tema të tilla në të lexuar. Aspektet morale të pyetjes, kërkesat etike dhe altruistike, po aq edhe ato kërkesa praktike janë shumë këmbëngulëse për ne që të shohim këtë përzgjedhje si një të tërë, ose për ta parë atë në mënyrë të qartë, si material për artin, për ta parë atë si të bukur në tërë kompleksin që lidhet me kulturën, identitetin, globalizmin në art, por edhe me stilin, strukturializmin, postmodernizmin dhe mjaft kritere të tjera që duhen apriori vënë në dritaren e duhur të vlerësimit. Duhen vënë në atë dritare me xham të pastruar mirë, me qëllim që koha të mos 'qërrohet' duke vëzhguar kohën për brezat. Në këtë pikë fjala e Vranarit në këtë roman është jo thjesht pikasje, as përzgjedhje e gabuar, por një art më vete. Dhe arti i përket artistit. Artisti, që ecën larg, shumë larg, ndoshta edhe pak përpara moshës së tij, duke treguar bukurinë dhe kuptimin, këto dy aspekte metafizike të jetikes, natyrshëm janë vetë flamuri i përzgjedhjes, që ndodhet në një majë të pakapshme. Ky artist kurrë nuk kalon pa rënë në sytë e gjeneratës së re, dhe me veprën e tij dikton vendin ku flamuri është vendosur, jo me dëshira e stile tashmë të perënduara 'politiko-miqësore' të rrëfimit kritik-mik. Brezat gjejnë kështu mesazhin e këtij artisti duke pritur atje ku është ngulur flamuri, për ta shijuar atë arritje si të gjitha gjërat e bukura që presin gjetjen dhe zbulimin, përzgjedhjen e tyre. Vranari është artistja, e cila jo vetëm i ka vënë pikërrëfimin rrugës së bukur prozaike shqiptare, por është edhe arsyeja që rrëfen vendin ku është ngulur flamuri në një mjedis më të gjerë krijues, e pse jo me nivel tashmë botëror për forcën e mesazhit dhe fabulës së saj. Ajo, më shumë se çdo tjetër në këtë pikërrëfim, përdor për bazë të artit të saj ndjesi të interesit jetik, jashtë moshës së saj, por në një pikëtakim me kohën, vendin dhe situatat që gatuhen nga fabula dhe mesazhi. Në këtë pikë ajo është një model!

Salla promovuese model, mesazhet dhe respekti

Dhe normalisht në sallën e mbushur plot e përplot, mes një koloriti ngjyrash të pasqyruara nga kostumet tradicionale shqiptare, që kishin veshur fëmijët e valleve, fjala e publicistes Laura Petoshati, do të sillte edhe një vlerësim enkas për këtë promovim nga botuesi i "Tribuna shqiptare" në Kanada, i diplomuari në Toronto për Politikë, Ajet Nuro, tashmë një personazh i mirënjohur në mjedisin shqiptar. Petoshati duke cituar nga fjala e zotit Nuro sillte: "Ndër librat që më shoqëruan gjatë kthimit tim nga Shqipëria ishin edhe tre librat që përbëjnë trilogjinë "Vështroni Meduzën". Sigurisht për ti lexuar ata do më duhet pak kohë për më tepër që unë kam vendosur të filloj nga romani i saj më i fundit "Dritëhijet e medaljes enigmë". Por duke hapur trilogjinë në fjalë më tërhoqi vëmendjen përkushtimi i autores ku ajo shprehet rreth trilogjisë por edhe rolit të saj ndaj bashkëkohësve të vetë dhe ndaj shoqërisë në përgjithësi. Meditimi i autores del jashtë kontekstit vetiak dhe përgjithëson marrdhëniet krijues-lexues dhe krijues-shoqëri. Ju uroj lexim të këndshëm. Vilhelme Vranari –Haxhiraj - Dy fjalë rinisë shqiptare të shekullit XXl nga autorja. Parathënie e trilogjisë "Vështroni Meduzën". Jam një grua si gjithë të tjerat. Disi e madhe në moshë për të shkruar një vepër voluminoze, një trilogji, me një shtrirje të gjërë si në hapësirë, ashtu dhe në kohë. Si çdo femër kam impenjimet e mia, si bashkëshorte, si nënë, si gjyshe dhe si pjesë e shoqërisë. Këtë vit mbusha gjashtëdhjetë vjeçe. Kushdo kur arrin një limit, pyet veten: " Jetova, a s'jetova vallë? Kam parë apo s'kam parë? Thashë, po çfarë kam thënë? Kam bërë, po ç'kam lënë?" Jam e bindur se sa pyetje pa përgjigje, trazojnë mendjet e lodhura të atyre që kërkojnë diçka më tepër nga vetja për të qenë :"Dikushi". Ishin pyetje, të cilat përballë realitetit të hidhur dhe të gjatë, ngelën memece, gjë që më ka munduar gjatë gjithë jetës."Si mbiemri i shoqes sime të shkollës pedagogjike "Vranari", e tillë, e vranët ishte dhe jeta e saj. Duhej kohë, që qielli të hapej dhe Vilhelmja ta thoshte fjalën e vet. Ajo vjen në letërsi si Antigona për të qetësuar dhe mjekuar shpirtrat e lënduar të shqiptarëve"- u shpreh më 4 nëntor 2000 në panairin e librit në Tiranë, shoku i saj i shkollës pedagogjike "Jani Minga", poeti i shquar Xhevahir Spahiu. Me këto fjalë, ai që, me poezinë e tij shëron dhe qetëson shpirtrat njerëzor, që është një nga zërat më të ëmbël, më trondites, më ledhatues, më bindës, më mikëlues, kishte të drejtë.

Analiza e Monica Mureşan

Më interesante mbetet analiza e Monica Mureşan (shkrimtare-analiste) rumune Në vëllimin dygjuhësh (shqip-rumanisht) të shkrimteres shqiptare Vilhelme Vranari Haxhiraj, si impresion gjeneral, lexuesi vë re një atmosferë që shkon duke evoluar nga bota intimiste përmes poezisë minimaliste, me aksente mbi sentimentin lirik, por edhe një ndryshim regjistri, ku liriku i lëshon vendin poemit narrativ, me aksente herë filozofike dhe meditative, herë auto-refleksive (shih poemin "Fytyra në pasqyrë"!). Përfundimisht mund të themi se vëllimi ka një petk tematik si dhe një unitet nëntemash të trajtuara, ndërsa vargu i shkurtër, elegant dhe hijerëndë, i rijep ngjyrën personale kësaj poeteje fine, një zë i fuqishëm por diskret, dimensioni i brendshëm i së cilës sondon(sonda hynë thellë në tokë të gjej thesaret, në rastin tonë autorja heton gjendjen mendimet, ps :/sqarim i redaktorit) dhe zbulon njëherit, qartësitë dhe paqartësitë e një bote e cila i nënshtrohet "kohës bastarde". Vëllimi bilingve „Rădăcinile"/ „Rrënjët" përfshin poemat e shkrimtares shqiptare Vilhelme Vranari Haxhiraj, libër që ka dalë nga botimi më 2009, duke qenë i përkthyer në gjuhën rumune nga Baki Ymeri. Libri mban një mesazh etik dhe humanist që buron nga vetëdijësimi i rolit të cilin e ka poetja në jetë: „Lajmi i zi mori dhenë,/ nga jeta u nda një poet/ Dikush me dhembje tha:/ I ndriftë shpirti për jetë!/Meriton një panteon/ Të kujtohet jetë e mot/Për fat ai jeton/ Vetëm/ Gjysma e tij prehet nën tokë,/ Ndërsa gjysma tjetër është mes nesh (Poeti). Nga thellësia e ndërgjegjes kolektive, poetja ka përfituar fuqinë e shkrimit me bërthamë, ndërsa fuqia e pajtimit me tekstin në adresë të lexuesit zë vend dhe justifikohet pikërisht me receptimin e këtij transmetimi të ngazëllimit për të qenë trup/e/shpirt si efekt me një „Aromë dehëse të qytetit". Autorja mëton të rijapë sa më thjeshtë dhe sa më drejtpërsëdrejti mesazhin e optimizmit të gëzuar për të sesizuar (përcaktuar) thjeshtësinë e perfeksionimit, për të ndarë së bashku me njerëzit e saj shijen e dashurisë në vete, lexuesi duke u bërë një dëshmitar apo një bashkëbanor, drejtpërsëdrejti dhe pa fishekzjarre livreske, pa formula të sofistikuara apo abstrakte: Mjerimi/…/Nuk trembet nga qielli i trishtë,/…/Nga thirrja e lazdëruar(ndoshta lajkatare(shën i redak) e vdekjes/…/Por e tremb nxehtësia e diellit."(Mjerimi). Njësoj siç është dialogu poetja-natyra është i pazëvendësueshëm, po ashtu edhe vargjet shprehin përgëzimin për të qenë dhe për të dashur, duke evoluar nga një „kohë bastarde" deri te depërtimi në një „botë fisnike", mbi një plan të kënaqësisë estetike që të josh. Dashuria e pakushtëzuar rrezaton nga një botë e madhe familjen e njerëzve që dinë ta duan të mirën dhe të bukurën, ndërsa poetja banon në atë botë të cilën e drejton zemra e saj. Librin e saj e përshkon mënjanë një rrjet i shqetësimit, i cili përbën po ashtu motivet që i ushqejnë temat qëndrore, siç janë dashuria dhe koha. Mbi dheun e plleshëm të dashurisë degëzohen kështupra motive të mirëmbajtura përmes përsëritjes apo rimarrjes parciale: rikthimi te rrënjët, në atë hapësirë arhetipale, të stërlashtë, përmes përkuljes dhe strehimit në gjirin e formulave arhietipale. Nuk është fjala për ikje nga realiteti, por për riprurjen në kujtesë, rivitalizimin, madje dhe komemorimin e disa evenimenteve, vendeve, njerëzve dhe emrave nga e shkuara e Shqipërisë. Kontraste përrallash/ Gjenden vetëm në vendin tim – pohon autorja, duke tërhequr vëmendjen se, Nëse njerëzit do të ishin/ Tolerantë e të mirëkuptueshëm/ Aëherë do ta shihnit/ Se si do të dukej vendi im." Poemat kanë një farë solemniteti, ndërsa atmosfera i përgjigjet kësaj gjendjeje të derdhjes në vorbullën e kujtimeve, si plan i përgjithshëm, nën hijen madhështore të së shkuarës, duke reflektuar te „Identiteti" faktin se: Pasaportë/ kemi eshtrat e të parëve tanë/ Varret e lashtë/vlejnë si karta identiteti,/.../ Endur me gjak zemre atdhetari/ me qumësht gji-nëne ëmbëlsuar,/ gjuhën e hyjneshave ilire,/ si pasuri trashëguam. Nganjëherë poemat duken si do stampa, herë të tjera shndërrohen ndërkaq në do vizatime virtuale, të gjalla e të eksponuara në magjinë e dritës së plotë. Ballafaqohemi me të njëjtin proklamim të identitetit përmes ndërlidhjes me të njëjtat projektime, prej nga buron edhe konkretizimi i titujve, duke filluar madje me kryetitullin e vëllimit „Rrënjët". Ky konkretizim shpjegohet, ndoshta, përmes faktit se poetja është e motivuar nga prejardhja e saj fisnike, si pasardhëse nga familja e Princit Gjergj Arianiti, si dhe nga fakti se e ka mbajtur që nga fëmijëria peshën e persekutimeve për motive politike. Në të njëjtën kohë, ndërkaq, titujt e zgjedhur janë edhe transparente, psh: „Frika" apo „Urrejtja", „E Vërteta" apo „Jeta", „Prehje", „Rikthim në vite", „Identiteti", „Errësira", „Vetvetja", „Poeti" etje... duke u bazuar mbi instinktin e vet të natyrshëm, dhe me këtë regjistër numërimi kemi parashtruar edhe një anë nga subjektet e trajtuara. Një emocion i gjallë e motivon poeten kur shkruan te poema „Rikthim në vite": Ty Perëndi të adhuroj,/ më rikthe në lashtësi,/ nëpër skuta të gërmoj,/ errësirës t'i hedh dritë./ Të shikoj çfarë nuk kam parë,/ të dëgjoj ç'nuk kam dëgjuar,/ të njoh atë që dot s'e njoha,/ historitë që s'janë treguar.//Më rikthe, të kuvendoj,/ me të parët, si kanë jetuar,/ ndër legjenda ende jeton,/ fisnikëria e trashëguar.Si impresion gjeneral, lexuesi vë re një atmosferë që shkon duke evoluar nga bota intimiste përmes poezisë minimaliste, me aksente mbi sentimentin lirik, por edhe një ndryshim regjistri, ku liriku i lëshon vendin poemit narrativ, me aksente herë filozofike dhe meditative, herë auto-refleksive (shih poemin "Fytyra në pasqyrë"!). Përfundimisht mund të themi se vëllimi ka një petk tematik si dhe një unitet nëntemash të trajtuara, ndërsa vargu i shkurtër, elegant dhe hijerëndë, i rijep ngjyrën personale kësaj poeteje fine, një zë i fuqishëm por diskret, dimensioni i brendshëm i së cilës sondon(sonda hynë thellë në tokë të gjej thesaret, në rastin tonë autorja heton gjendjen mendimet, ps :/sqarim i redaktorit) dhe zbulon njëherit, qartësisë dhe paqartësitë e një bote e cila i nënshtrohet "kohës bastarde".Mjeshtri i Sportit Mexhit Haxhiu solli një përqasje të shkëlqyer kritike për veprën dhe lirinë munguar të autores .Diskutuan Meto Hoxha poet, A. Abazi, Q.Meminaj. Grupi i valleve të Asamblit "Aulona Folk" me mjeshtrin Jani Gjergji e zbukuron sallën me motivet e melodive më të bukura të trevave shqiptare. Këngëtari i estradës së Vlorës M. Qëndro përzgjodhi atmosferën vlonjate me krijimet e këngës popullore qytetare të Vlorës.

Pas promovimit një drekë në një nga restorantet vlonjate. Një drekë mes miqsh vlonjatë, por edhe drekuesish pushuesh nga të katër anët e vendit. Një grup shkodranësh ftojnë dhe tërheqin vëmendjen mes autografeve të Vranarit. Pastaj në një cep të restorantit të zë syri Prefektin e Vlorës, Hasan Halilin, që ishte në një 'drekë pune'. "E ftuam thanë organizatorët, por ishte i zënë me punë..." Të zënë me punë ishin edhe disa të tjerë, madje edhe disa krijues, që sidoqoftë, me fjalët e tyre ishin disi të pranishëm...

Duke shijuar Vlorën nga apartamenti i poetit Gjata

Një vizitë me time shoqe dhe vëllain tim me ftesë të bashkëshortes së poetit vlonjat Arqile V. Gjata, Xhenit, dhe me këmbënguljen miqësore të tij, në shtëpinë e bukur dhe komode të familjes Gjata, që e kanë blerë me kursimet e punës në shtetin helen, në ballë të plazhit ishte më shumë se një pasqyrë për të shijuar Vlorën nga një lartësi afër Plazhit. "Ka shumë mundësi që Vlora të jetë qyteti bregdetar më i gjatë në Shqipërinë tonë", - më thotë Bashkimi, teksa e kundron gati me një sy gjithë hapësirën bregdetare të Plazhit të Vlorës, nga ai kat i dhjetë i apartamentit me dritë dhe frymëmarrje të bollshme, ndryshe nga apartamentet e tjera të ndërtuara kohët e fundit. Pastaj nga qendra deri tek Rrapi në Ujë të ftohtë, siç i thonë vlonjatët, u desh një dy-orësh i mirë për ta përshkuar. Ishte mirë të ecje në këmbë, sidomos pasdite kur dielli po fillonte të perëndonte e kur pushuesit po shkrehnin çadrat për t'i thënë plazhit lamtumirë, të paktën për atë ditë. Sytë më kapën, në Plazhin e Ri nja dy "vendroje", që u ishin lënë rojeve të plazhistëve. Por çe do që ishin bosh. "E kanë bërë shumë mirë plazhin këta të bashkisë por rojet e plazhistëve i kanë harruar t'i vendosin. Ishallah na ruan zoti se nuk i dihet detit", më thotë një miku im, që rastësisht e takuam aty dhe që vinte çdo ditë për të pushuar në Vlorë. Por ai bën shyqyr që kishte gjetur një nga ato çadrat e bashkisë, të cilat u ndahen falas pushuesve, se zakonisht zihen shumë shpejt.

Kur vjen radha e librit dhe...

Në pjesën tjetër ishte libri. Jo thjesht libri, por interesimi dhe shitja e tij në Vlorë. Në një nga libraritë kryesore në qendër të qytetit, u ndalëm dhe i adresuam disa tituj nga botimet e mia. I themi se "Kritika Ndryshe: Një vëzhgim në brendësi të prozës dhe poezisë shqiptare" është në planin e Ministrisë së Arsimit për librat shkollorë, por ajo na e kthen...: "A keni ndonjë libër të ndonjë autori të huaj?". Ne pamë njëri-tjetrin në sy dhe ..., kaq mjaftoi të mos vazhdonim më. Por, ndërsa ne heshtëm, ajo filloi bisedën: "Mirë, pa para në dorë, me 25 përqind të shitjes, unë ju mbaj nga pesë copë nga gjashtë artikujt...". Ndërsa pyesim për romanet e librat e autorëve vlonjatë, ajo shprehet se ata i shesin vetë... Ndërsa autorët shprehen: "Librat nëpër librari jepen me qira për lexuesit"?! Librat me qera?! E pabesueshme, por ja që ndodhka. Prandaj librat nuk shiten?!Eh, nejse, thashë me vete, Vlora njihet më shumë për plazhet e bukura edhe pse unë doja të shihja e të diktoja të tjera gjëra. Pyetëm se ku ndodhej Muzeu Historik dhe Muzeu i Pavarësisë. Ia nisa me atë të historisë se e kisha edhe më afër. Por çfarë të shihje nga jashtë, mure me lagështirë që të thoshin t'ja fusje vrapit e ta lije për njëherë tjetër vizitën. Por ne u futëm brenda. Ciceronia na tha se kanë kërkuar fond në bashki e do ju vijnë, që t'i rregullojnë muret. Në Muzeun Historik ka objekte prehistorike e deri tek ato të viteve 1924, si arkëmorti i vërtetë i Avni Rustemit. Thonë se kur Avni Rustemi vdiq, ia ndërruan arkëmortin, duke e vënë në një tjetër kështu që ai i pari u bë pjesë e këtij muzeu. Objekti që përsëritej më shpesh në këtë muze ishin amforat, vazo të bëra me gur apo baltë që nga banorët e Aulonës përdoreshin për të transportuar ushqim. Kushedi sa herë ciceronia e përsëriti fjalën "amforë". Nuk pamë asnjë turist të hynte në muze, të paktën për një orë qëndrimi. Po kështu la të kuptohej edhe ciceronia, e cila më pohoi me gjysmë zëri se numri i vizitorëve nuk është i lartë. Nga qendra në Skelë pas 7 minutash u gjendëm para rezidencës së qeverisë së parë shqiptare, Muzeut të Pavarësisë në Skelë. Gjendja ndryshon. Nuk ka të krahasuar me Muzeun Historik. I vogël por i këndshëm dhe tepër i mirëmbajtur. Që prej dy-tre vjetësh na thanë se ka vënë dorë Ministria e Turizmit, Kulturës, Rinisë dhe Sporteve. Me që ky muze është monument kulture duhet një kujdesje më e madhe për historinë tonë të afërt.

Vendi ku ka punuar Ismail Qemali me 10 ministrat e tij, pas shpalljes së pavarësisë më 1912 është me të vërtetë shumë i vogël, i ndarë në 7 dhoma dhe 2 sallone. Menjëherë shkuam tek dhoma e "kabinetit" qeveritar. Kjo po që është qeveri në dietë! Një tavolinë e vogël me ca karrige rreth. Në një nga dhomat e tjera, që fatkeqësisht nuk e mbaj mend se cila qe, se vëmendjen ma tërhoqi një detaj nga një firmë, pashë Aktin e Pavarësisë. Albiona, ciceronia e muzeut që ishte e zhdërvjellët në të folur, shjegon se ky akt është dhuratë e Kryetares së Kuvendit, Jozefina Topallit për muzeun. Krahas 40 firmave të vitit 1912 nga të pranishmit kur u nënshkrua akti i pavarsisë, qëndronte edhe firma e Kryetares së Kuvendit, Jozefina Çoba Topalli. Albiona më thotë se ky është një akt i dhuruar nga Znj. Topalli, sepse ajo ka mundur ta gjejë në origjinal dhe të paretushuar aktin e pavarësisë, ndryshe nga ç'ishte i njohur në ish-regjimin komunist ku mungonin firmat e Mustafa Krujës, Mithat Frashërit dhe Lef Nosit. Madje Albiona më thotë se muzeu e ka pranuar këtë dhuratë nga kryetarja e Kuvendit dhe nuk e sheh me aq vërejtje një firmë shtesë fare të freskët. Po ne si duhet ta shohim?!

Para se të nisesha në Tiranë, ku duhej të planifikoja një intervistë në studiot e televizionit "Ora News" me gazetarin Andi Bici, të brin e Valentinës, poetes së njohur, doja të vizitoja lokalet e Skelës. Qëndroj në njërin prej tyre. Prej andej duket Vora si në pëllëmbë të dorës, por edhe Porti...

Diku një pulëbardhë u shfaq, cikërriu dhe u zhduk. Dielli kishte notuar e notuar mes valëve të detit derisa na kishte dhuruar të kripurën në këmishat tona. Librat e dhuruara nga Vranari, disa krijues të tjerë të dashur e të përzemërt vlonjatë ishin miqtë e mi të shtuar të udhës. Vlora më dhuroi një plejadë të ngjeshur miqsh, por edhe një fabulë të rinjohjes së Vlorës, nga shkrimtarja Vilhelme Vranari Haxhiraj. Nesër,

nesër është koha e brezave..., thuhej diku në një nga këto libra
të dhuruar miqësisht...

"Një çmim për shkrimtarin e vdekjes" dhe një pikëlidhje

Pse heshtet, kur lexohet Martiko?

Novela e shkrimtarit shqiptar, tashmë një ndër emrat më cilësorë në lëminë e prozës së gjatë, Robert Martiko, "Një çmim për shkrimtarin e vdekjes", duket se ka përshkruar një rrugëtim më të detajuar në skutën e dritëhijeve shqiptare. Është një prozë që vjen nga "Toena" me një përkujdesje të dukshme. Është një hapësirë që vjen mes njohurisë, stilit dhe grantit letrar që vetë autori ka vënë në dobi të lexuesit. Është një novelë që shtrin këmbët e saj sa në Afrikë dhe në Azi e Evropë, në Moskë, në Paris, Xiniangu, e kudo në tokë e në qiell. Është një vepër që duhej parë me syrin më të dashur e më të vëmendshëm. Një vepër që i ka lënë disi syhapur mjaft krijues, por që në fakt ua ka mbyllur disi vegimin. Pse?! Ndoshta jo në ndonjë përgjigje të kudogjetur, por të përzgjedhur nga pena e Luan Çipit që më duket se shumëthotë: "Robert Martiko edhe në ketë vepër i shikon shqiptarët në sy, me ballin lart. Siç dihet, ai refuzoi me guxim të rrallë, përfshirjen në rrjetet e shumta të spiunazhit famëkeq të Sigurimit Shqiptar, duke përsëritur modelin e babait të tij heroik, Dino Martiko, të persekutuar dhe të burgosur dy herë, nga kasta komuniste, derisa vdiq në burg, të njeriut me merita të spikatura të luftës antifashiste Nacional Çlirimtare dhe të rimëkëmbjes së vendit të shkatërruar nga lufta." Atëherë a duhet një ndalesë e gjatë dhe mjaft e domosdoshme në krijimtarinë e Martikos? Natyrshëm që duhet edhe pse ajo ka qenë një nismë e hershme e jona. Le të shohim pak edhe mendimin e penave më në zë. Shkrimtari i mirënjohur shqiptar, Faruk Myrtja shprehet: "Proza e Martikos nuk është thjesht një kujtesë e asaj që ndodhi aq përbindshëm sa nuk ka si përsëritet më. Ajo kujton se braktisja e njeriut është e pranishme." Për Myrtajn, "Martiko nuk e ndan Njeriun prej Shkrimtarit. Ka plotë që e ndajnë, por me vullnet të Zotit, nuk shterojnë që s'shterojnë ata që e çmojnë moralin te Njeriu. Dikur i kanë quajtur idealistë. Vazhdojnë t'i quajnë idealistë. Duke nënkuptuar ata që besojnë e mbajnë gjallë shpirtin. E Njeriut. Dhe, për pasojë, të Njerëzimit. Në dy librat e mëparshëm, ka proza që duhen lexuar ngadalë, ose më shumë se një herë. Janë të rënda. Siç vjen edhe jeta. Nuk të lë të vraposh gjithnjë. Shpesh duhet ulur ritmi, detyrueshëm. Atëherë janë çastet kur nxiton mendimi, meditimi, mendja kërkon të merret në konsideratë më tepër se dora dhe këmba, madje edhe më shumë se zemra. Heronjtë e Martikos janë në shumicë të tillë. Por njerëzit, vetat, personazhet janë farëllojësh, siç i ka ndodhur t'i ndodhin në jetë. Nuk ka qenë e lehtë të jetoje me ta. Por ishte e pashmangshme." Studiuesi dhe krijuesi i mrekullueshëm, Astrit Lulushi sqaron në kohën e duhur: "Libri i shkrimtarit Robert Martiko është një roman-satirë, orvellian, dantesk, volterian; një udhetim, prej 250 faqesh, që e tërheq lexuesin në skutat më të thella, më intimet, më të fshehtat të shpirtit të atyre që zvetënuan artin e tyre, për hir të më së keqes. Të shtypur, por për një status pak më të lartë brenda të njejtës kastë, ata ia shitën diktaturës shpirtin e talentin e tyre, "për t'i dërguar të gjithë në ferr". Duke kaluar në këtë labirinth, lexuesi nuk ka si të mos ndjejë jehonën e pyetjes shumë-zërash, por të mprehtë, Pse?. Janë këto zëra që në kor luten, kërkojnë përgjigje të ftohtë, të qetë, thjesht të vërtetën, e vazhdojnë të presin. Por më kot sepse "pas një cikloni të verbër baballarësh e gjyshërish të dështuar" dhe nga që arrijnë të ndryshojnë me kohë, atyre ende u besojnë jo vetëm në tribu, por edhe në botë, megjithëse e ndjejnë vehten "të përngjashëm me një guaskë bosh e të braktisur në breg, me parete të tretura e cngjyrosura". Shkrimtari Aleko Likaj citon: "Robert Martiko tenton të "notojë " dhe të ngrihet përtej moralit të kohës". Për Likajn kjo nënkupton se "Me gjuhen e nje rrefimi te kendshem, shume skena te librit kalojne perpara nesh, si ne nje celuloid filmi, qe te mban mberthyer, qe nga paragrafi i pare i vepres me te fundit te Martikos. Ne to ka nje natyrshmeri dhe besueshmeri, ku nepermjet nje gjuhe te thjeshte dhe poetike, perveçse ngjarjes, zbulon para nesh njeri pas tjetrit, karraktere te dhena mjaft mire artistikisht. Ne fillim, çoroditje dhe inferioriteti ne emer te « dashurise vellazerore te popujve te nje ideali », pas se ciles qendron nje sfond i madh dhe i gjere politik i kohes, marrin nje kthese te befasishme e te menjehershme, ku spikasin ne veper njerez me virtyte e moral te larte, te palekundur ne idete dhe ne drejtesine e mendimit dhe gjykimit te tyre, te cilet pa dyshim, bejne edhe deferencen ne ate subjekt terheqes."

Kjo larmi karakteresh dhe zwrash që jetohet e përjetohet në krijimtarinë e Martikos, ku pasqyrohet jo vetëm stagnjacini debror i ambiencës trishtuese të dikaturës por njëkohësisht edhe admirimi i madh për prindërit e tij. Në një intervistë dhënë Raimonda Moisiut shkruhet" Në qytetin e persekutimit të tyre, në Vlorë prej njerëzve të ndershëm të këtij qyteti, ata gëzonin me të vërtetë një respekt të madh. I ati i tij Dino Martiko, një nga protagonistët e Lëvizjes Nacional-Çlirimtare, ishte personi që trajtoi marrëveshjen e dorëzimit të Sarandës prej italjanëve. Pa gjakderdhje. Ndërsa ajo që e ngrë atë në pidestalin e njerëzve të rrallë dhe më të ndershëm të botës, qe fakti që në vitin 1946 refuzoi një mision agjenturor në Greqi, i cili do ti hapte rrugën familjes për të dalë nga ferri komunist. I njihte qysh më parë pasojat e refuzimit. Gjatë torturave në hetuesi në vitin 1954 dhe 1979 ku përfshihet edhe një inskenim i gënjeshtërt vrasjeje pa gjyq, ai tregoi përsëri një karakter të çeliktë, duke iu bërë shpesh thirrje hetuesve të mos mundoheshin... "Të varnin para syve të tij edhe djalin e tij të vetëm." Edhe nëna e Robertit, Sofia Martiko, me origjinë nga Korfuzi, në hetuesi tregoi një karakter të fortë. Në të njëjtën mënyrë edhe vetë shkrimtari, ndonëse për një kohë të gjatë i u bë presion nga sigurimi shqiptar, për tu futur në radhët e tij, nuk u dorëzua... Të gjithë, familjarisht mbetën besnik të parimit: "Mos ndërto lumturinë me fatkeqësinë e tjetrit."

Në këtë pikë gjejmë një lidhje me Zhan Pol Sartrin, romancierin francez, dramaturgun, filozofin ekzistencialist, dhe kritikun letrar. Sartre u shpërblye me Çmimin Nobel për letërsi në 1964, por ai nuk pranoi nderimin në shenjë proteste ndaj vlerave të shoqërisë borgjeze. Shoku i tij për një kohë të gjatë ishte Simone de Beauvoir (1908-1986), me të cilin ai u takua në Supérieure Ecole Normale në 1929. Ja si shprehet ai tek "Çfarë është letërsi" (1947): "Novela e keqe synon tu lakmojë mes hijeve, ndërsa një e mirë është një exigjencë dhe një akt besimi". Këtu është lidhja më e mirë mes dy penave, në kohë të ndryshme dhe në hapësirë vendi dhe kohe të ndryshme, por me një filozofi të njëjtë në të shprehur. Edhe pse tek novela "Një çmim për shkrimtarin e vdekjes" skajshmëria e filozofisë së Martikos duket disi e fragmentuar, ajo ka një stil që të çon në vazhdimësinë e autorit, në një rrugë të matur e të projektuar mirë mes dritëhijeve të së shkuarës, të sotmes e të një mesazhi më të qartë për të ardhmen.

"Kiaroskuro" kohërash dhe njerëzish

Teksa mbarova së lexuari romanet e Robert Martikos, shumë thënie më lëvrinin në mendje për të gjetur një nyje që i bashkon këto vepra në një pikë. Dhe teksa përzgjillja duke menduar mu kujtua Hygo. Thënia lapidare e tij, "Njerëzit nuk kanë mungesë fuqie, ata kanë mungesë vendosmërie" mu duk se shkon për shtat, thuajse në të tre romanet e tij. Në fakt ajo është vetëm një vijë e mesme, ose aq sa për të paranisur fjalën për atë që ke kthyer nga leximi në kallzim për të tjerët në mënyrën tjetër. Në këtë mënyrë "Flijime të skajshme", "Dritëhije shpirtrash të humbur" dhe "I braktisuri", nuk janë thjesht tituj romanesh që autori ka fiksuar si të tilla ose sa për të emëruar romanet e tij, por janë pjesë e fabulave që Martiko ka zgjedhur për të komunikuar që në hyrje me lexuesin e tij.

Grafika e të tre romaneve ka një pikë të përbashkët gjithashtu. Tek "Flijime të skajshme" është një sy që vështron dimensionalisht kundërshtinë e një sfondi të tekanjosur me grimca njerëzore në lëvizjen e tyre, që kundërshton ligjësinë e prezencës dhe konfirmon logjikën e kundërshtisë nën ligjësi absurde të jetës. Tek "Dritëhije shpirtrash të humbur" rolin e syrit "gjigand" e kryen kiaroskuroja (dritëhije) e një dritareje që vërshon me reze drite në brendësi të dy trupave të pafajshëm njerëzore, duke u shkrafanjitur me lojën bardhë e zi të dritave që mbushin hapësirën. Në romanin e tretë është sërrish një dritare që në fakt ndryshon nga paraardhësja me këndin e vështrimit. Tek kjo e fundit është 'I braktisuri' që kryen funksionin e tij. Sërrish këtu është dritëhija që krijon kuptimin pikënisës dhe të bën që të arrish ku ti mendon se do të të shpjerë vepra, ende pa e lexuar atë. Por në fakt nuk ndodh kështu. Nuk ndodh që të paramendohet e tëra që në kopertinë, edhe pse artistikisht ajo ka gjuhën e saj, ka fjalën e saj. Në këtë mënyrë tre romanet kanë një pikëtakim artistik të përbashkët grafik, një tematikë që vjen nga një mendje, një gatesë letrare që vjen nga njohuri pikante e të seleksionuara, por kanë shtylla të ndryshme ku referimi është disi protagonisti kryesor, që sfidon edhe idenë. Në këtë këndvështrim është ajo që vjen pas leximit. Duke iu referuar Foto Malos, redaktorit të romanit "Dritëhije shpirtrash të humbur" që në fillim të fjalës së tij gjen "një personazh-hije rrëshqet përpara syve tanë nga fillimi deri në fund të romanit" për të kuptuar se hija është një simotër e pjellë nga frika dhe frika e hijes është një mori arsyesh që gatuan fabulën e romanit. Më tej Malo zbulon diçka që në fakt krijon antagonizëm me vlerat që shkrimtari ka sjellë në roman. Është fjala për "motivet dhe argumentat e veta autori i kërkon dhe i gjen në hapësira pa caqe gjeografike…". Në roman kjo nuk përbën problem, madje ka një arsye më shumë për të mos u marë në konsideratë.

"Dritëhije shpirtrash të humbur"

Artikulimi i fjalës rreth së cilës rrotullohet tërësia e fabulës që gatuan romani ka një zanafillë të nisur që në faqen e parë, por që artistikisht qëndron e gozhduar në memorien e saj për të rrëfyer ngadalë e me kujdes. Është pikërisht kjo mori katrahurash që gatuhet mbi fatin e njeriut, me qëllim që njeriu të përulet para antinjeriut që edhe pse 'shkurtabiq i kuq' kërkon dhe 'mund të arrinte deri në Koloseun Romak, kullën e Big Benit, apo deri në këmbët e Notre Damë në Paris…" Dhe më tej kjo asfiksi njerëzorë me fatin e treguar të trupave pajetë në mënyrë dramatike përfundon aty ku autori realizon fuqishëm e të mban mbërthyer në brendësi të romanit: "Ku si spiun, pa llogaritur viktimat e shumta njerëzore që do të merrte në qafë… pas Akropolit grek ai do të drejtohej pa humbur kohë Qendrës së Zvaranikëve të Kamberës në Australi". Këtu vetëkuptohet vetëm pas leximit ku synon tërë ky argument jashtë kufijve gjeografikë i autorit që shkruan duke rrëshqitur tërthorzi në telajon historike dhe natyrale të fiksuar nga prezenca e Kensington Garden, një gjeografi natyrale londineze me karakteret që vijnë e ikin duke treguar pikëlidhjen historike me detaje të hodhësishme që vijnë nga faqe librash. Këtu natyrshëm bie në sy një njohuri e gjerë e Martikos jo vetëm për të treguar, por edhe për ta bërë prozën në linja jo-direkte e tepër të tërthorta deri në manovrim tipik e dallues. Romani në këtë itinerar ngjarjesh dhe kallëzim me fjalë të përzgjedhura dallon rolin e lëvizësit që shfaqet si "Njeriu i zgjedhur në Tokë…" kur ai është në mëdyshjen e autorit që e kthen në retorikë: "Për çfarë njeriu të zgjedhur e kam fjalën?" dhe sipas autorit ky njeri në Tokë ka vdekur prej kohësh dhe 'nuk mund të ringjallet".

Por ndërsa tërësia e romani është nën fokusin e një 'Candid Camera' (një kamera e fshehur, ose kamerë e fshehtë), romani ka arsye më shumë për të mbetur një trill i lejueshëm dhe tepër i pëlqyeshëm normative në llojin e vet që të zbulojë e tejkalojë misioni e tij. Karakterët e romanit të Martikos edhe pse janë nën ndikimin e kësaj kamere janë në arsyen e tyre, janë të gjithgjendshëm, deri në detaj.

Kështu romani ka arsye më shumë për të qenë një anë pasqyruese tepër e gjetur. Gjuha është e kuptueshme dhe emocionalja kryen rolin e saj. Një figurë e kapshme është edhe veshja që autori i jep strukturës për të bërë bashkëjetesë ngjarjesh në kohë, hapësirë e vend. Kjo është një lidhje me filozofinë e hershme të Sartrit. Por vetë Martiko si mendon: "Romanet e mia në thelbin e tyre kanë karakter filozofik. Ideja për të shkruar këto, filloi si një kundërvënie filozofike ndaj Zhan Pol Sartrit. Këto dy romane, përbëjnë një orvajtje për të kufizuar ekzistencializmin dhe pikërisht në pikën e tij më delikate: në atë të zgjedhjes së modeleve. Zhan Pol Sartri si krijuesi më në zë i tij dihet: përballonte problem në këtë pikë, përderisa iu drejtohej njerëzve në lidhje me detyrat që atyre iu dalin për të formuar ndërgjegjen e tyre. Mirëpo ky filozof, duke mohuar ekzistencën e modeleve qiellore, nuk përfundon veç në ato njerëzore... Sipas meje, ilustrimi më i mirë i tezës sime të mësipërme, nuk mund të jetë veç vetë vendi i sprovës më poshtëruese të njeriut: LINDJA KOMUNISTE. Heronjtë e mi ia dalin në krye për të vërtetuar të dy ekstremet. Madje edhe në Perëndim: matanë ish Perdes së Hekurt, ku edhe aty gjen ekstreme ultranegative. Natyrisht, Sartri ka meritën humane, të jashtëzakonshme, se nëpërmjet ekzistencializmit të tij, tenton ta nxjerrë Njeriun nga primitivizmi apo gjëndja e kopesë... Por sipas meje, kjo nuk mjafton për shoqërinë ku jetojmë, nëse asaj i mungojnë modelet e heronjve, trimave, altruizmit dhe vetsakrifikimit ekstrem. Njërin prej këtyre heronjve e gjeta të mishëruar tek babai im Dino Martiko, i cili sakrifikoi familjen dhe vetë jetën e tij për të mos pasur në ndërgjegje mikun, fqinjin, të njohurin por edhe TE PANJOHURIN, i cili mund të jetë i bardhë, i kuq, i verdhë apo i zi. Thjesht: edhe sikur njeriu më i fundit në botë të jetë... Ndonëse nuk mund të quash asnjë të fundit. Secili prej tyre është NJERI. Prandaj edhe vetë vepra ime letrare, tenton të marrë një karakter të përgjithshëm dhe universal."

Retorika e një adrese të humbur

(me poezinë e Stefan Martikos)

Stefan Martiko's me sa duket do t'i mbetet qepur 'kalibri' gjatë gjithë jetës, ... e ndoshta edhe më tej. Themi kështu pasi 'poezia e tij e realizuar së fundi' ka nxjerr 'sekretin' ushtarak të ish gazetarit. Është fjala për "kalibrin poetik" të cilin Lazër Valteri ia bën publik. Martiko i bën 'zbor poezisë' thoshte një herë e një kohë një poete (I.S). Dhe kjo ndoshta i është ndikuar nga ato 15 vjet të gazetarisë në shtypin ushtarak, shtonte ajo. Por ndoshta edhe me ndonjë 'rregullsi tjetër' të cilën zor se e gjejmë në pikasjen e Valterit, që dhuron dashamirësinë në poezinë e tij. Ajo që zbulojmë në mesazhin e Valterit, është vendlindja e tij Shën-Vasili i Sarandës, në atë 12 nëntor të shënuar për prindërit e tij. Është rrugë-poetika e tij mes një poezie të bëshme dhe të begatë, mes një poezie që shtron vitet në tryezë, natyrshëm me kalibrin e Martikos. Në vitin 1973 boton vëllimin e parë me poezi "Dashuria e parë", në `78-ën boton vëllimin poetik "Mes shokëve". Është bashkautor i librit të tretë "Yje të pa shuar". Vëllimin "Adresë e humbur jam" e botoi gjatë viteve të tij të emigracionit në Greqi, (poezi), botimet Nikitas Aleksandris, "Ura nëpër valë", - (poezi), botimet Mokra, Tiranë, 1999, "Ti mungon që prej Evës" - (poezi), botimet Alcaeus, Athinë, 2002, "Heshtat e barit" - (poezi), botimet Argeta LMG, Tiranë, 2003. Ka fituar disa çmime kombëtare. Ka marrë çmimin e parë për poezi në Konkursin e Selanikut dhe po ashtu çmimin e parë në konkurs të shpallur nga Toena e Onufri, në bashkëpunim me klubin Drita. Është përfshirë në antologjinë poetike "Portat e harresës", Toena 2001.

1.

Në fakt poezia e Martikos ka një 'kalibër' tjetër. Kalibri i saj ka shënjestrën lart. Shikimi i tij është fiksuar në qiell, ku "këputen yjet e rrokullisen/ Bosh", aty ku "mendimi i barsur piqet e bie./Bosh." Bie 'bosh' dhe krijon 'Udhën në valixhe' për t'i hequr germën 'h' kësaj 'bosh' që në kuptimin e tij sjedh intrigën 'bos' që brenda valixhes luan me fatin e një ure:

"Ç'do të bënim pa lumin në mes?
Duhej për të hedhur një urë plastike,
sa të kalojnë ambasadorët,
pastaj urën do ta mbledhin
në valixhe diplomatët,
sepse na duhet një lumë për t'u ndarë
dhe një urë portative
aq e lehtë sa për të kaluar ambasadorët."

Në këtë 'urë plastike' fjala bosh dhe bos krijojnë fuqinë. Fuqinë që zbret nga kalibri i Martikos për të ndërtuar poezinë, për të ndërtuar logjikën e saj. Një logjikë që udhëton gjithandej të prodhojë "Dhjetë mënyrat për t'u parë në pasqyrë":

"Të shihesh në pasqyrë
për t'u pëlqyer nga vetja
dhe të urrehesh. Të shohësh komçën
si një ushtar të vogël në xhaketën e mbërthyer
të mos shohësh mendimin e lig
në një nga rrudhat mbi ball
dhe të mos gjesh asgjë në fytyrë
prej atyre që një jetë ke kërkuar
Deri tani janë përmendur dhjetë mënyra
për të parë në pasqyrë veten
Te këmba mund të gjesh njëqind domethënie:
a është e përgatitur për ecjen
si e ka shtypur tokën
dhe me ç'piruetë e përvijoi shqelmin

175

që goditi tinëzisht gogolin brenda vetes
Gjithnjë vetja në pasqyrë është tjetër
kur s'e ke dashur
ose e ke dashur tepër".

Martiko është mjeshtër i telajos

E ndërsa tek *"Heshtat dhe barbarët"* Martiko u ndesh me
"Luanët, ata barbarët", eci 'në mesin e jetës, në mesin e rrugës'
për të rrëfyer midis të tjerave edhe për dashurinë në stinën e
shekullit pesëmbëdhjetë dhe të pyesi ndërgjegjen e tij poetike
për telajon e jetës që stinët e panjohura kurdisën dhe pikturuan
hijeshi, simetri vijash 'me baltën e shekujve' për të luajtur me
'përkryeshmërinë'. Martiko në këtë pyetje të ndërgjegjes sjedh
përgjigjen e vargut, fjalës, ritmit, sjedh filozofinë e fjalës që e
rendit atë në plejadën e ndritur të poezisë, si një poezi me
kalibër, me temp e me kurajo, me logjikë e fizionomi të
hijshme. "Ti mungon që prej Evës" është një mur i
palëvizshëm në këtë kala të madhe poetike, ku çdo fjalë është
një gur i skalitur në mjeshtërinë e poezisë, ku çdo detaj është
një mit, është një kod më vete, është një mesazh për të
shkuarën, të tashmen dhe të ardhmen e poezisë dhe krijimtarisë
letrare. Aty ka një frymëzim që gjendet gjetkë, një frymëzim
që kryqëzon rrugët e poezisë dhe pikëtakohet me të madhin
Burns në poezi me tematikë të njëjtë, me strukturë të fuqishme.
Elementët që shënojnë këtë pikëtakim poetik vijnë nga larmia.
Një larmi që ka simbolikën, metaforën, artin. Një art që vjen
në formën e tij model, një art që sigurohet tek gjuha e fjalës,
për të pikturuar "NË MBRËMJEN LIRIKE"

"Krejt të vegjël ngjanin sonte njerëzit
nën një projektor të vetëm
të vegjël, por të bukur
dhe jo të përjetshëm
Sikur dilnin nga mjegullat

dhe iknin sapo shfaqeshin
Hynin në tokën e hapur
por jo në varre
Dhe kaq të brishtë, të tejdukshëm
si në një radiografi valësh me lazer
të holluar si letër cigareje
nga pëshpërima e tingujve
dhe gjysmerrësira
sa mund t'i merrje në duar dhe t'i çoje
këta skeletë të flinin".

Por edhe më tej. Më tej për të ngjyrosur edhe detajet e një
"QENI MORALIST":

"Mua më zbuti qeni i zonjës Aleksia
kur erdha nga pylli i egër
ai qenush qimebardhë lehu
kur unë thashë fjalë të turpshme
Ai mbylli sytë
kur unë putha zonjën Aleksia
kur bëmë gjëra të tjera më të turpshme
atij i ranë tërë qimet
Dhe kur bëmë deklaratën e njohur
për besnikëri të përjetshme
qeni kishte vdekur..."

Martiko është mjeshtër i telajos. E shikon atë si një shtrat
sigurie për të pikturuar peisazhin. Me syrin në kalibër,
shikimin e tij e gjen lart, ku hapësira mbetet një frymëzim, një
ushqim për poezinë e tij: "NJË RE PO LAHET NË QIELL"

"Fusha qenë ato ku unë
Për herë të parë pashë magjinë
E gjërave që shndërroheshin
duke u zhveshur në një shtrat martesor

një thirrje e madhe
u çlirua prej atij ngërçi në fyt.
Që një pamundësi njerëzore për ta thënë
të tërën që i bëri pjesët e saj thërrmija.
Në fushë ku njeriu pa
Hapësirën e vet e një mirazh e gënjeu
Por dhe e ndihmoi për të ecur
Sa i zhveshi dielli pemët
e zbuloi qëllimin e një reje
të gjatë, e lau, e pastroi
dhe e uli në shtrat."

Petraq Pali, proza në kënde diamanti

Që nga lashtësia, madje qëkur letrat shqip dhe jo shqip u kënduan odave apo vatrave shqiptare, qënia e lëvizjes njërëzore, apo plaga e emigrimit ka qenë pjesë e thënkave, 'bëmave' përrallore apo legjendave që thurreshin pranë zjarreve me shumë tym. Më vonë ajo që na ka rënë ndër duar dhe na ka mbetur në mendjet tona është mjështëria e Çajupit që na solli Mitron e shkretë, kurbetqarin që fiku veten dhe gruan, tek e cila kishte lënë një pjesë të shpirtit të tij, por se koha kish bërë të vetën dhe kishte rritur të birin e tij me e pa baba dhe … ndodhi tragjedia Çajupiane, me plagë dhe gjak nga Mërgimi, nga kurbeti që solli të vjetrën zot shtëpie dhe të riun kundrues e bujtës për kafshatën e bukës. E ndërsa tragjedia Çajupiane e kësaj problematike është në poezi dhe ka mbetur një nga perlat e kësaj fushe, një tjetër arritje ka trokitur qysh herët në letërsinë shqiptare nga pena e poetit, prozatorit dhe publicistit, Petraq Pali. Është pikërisht tregimi Gjyshja i Palit që lëshon një kënd tjetër vështrimi në plagë-dhimbjen mërgim. Gjyshja e Palit është një detaj që i ngjan një diamanti me shumë kënde dhe shumë faqe, që nga të tentosh ta kthesh e ta vështrosh gjen një ide, gjen një frymëzim, gjen një tematikë, gjen një model për të analizuar këtë plagë të madhe të hershme e të re të shoqërisë shqiptare. Është i tillë tregimi i Palit parë në këtë anë që kritika ka zbuluar. Në këtë pikëtakim kritik dallohen së pari mesazhet, pastaj figuracioni dhe detajet artistike që komunikojnë me lexuesit. Në planin e parë gërshetohen e vjetra si një simbolikë e të qënit model ii qëndresës dhe sakrificës, por edhe një mbrojtëse e ndershmërisë dhe modelit familiar të mbrujtur në sakrifica e flirte 'kodoshësh'. Në planin tjetër ka një merak që tendoset në kuantitetin e fjalës dhe rëndësinë me të cilën ajo lançohet e barazpeshohet në momentin e leximit. E fundit është kompleksi i figuracionit që ndërlidh, situatën pa drithëra, pa bukë, dhe lidhjen, gjyshe, familje, nuse, fëmijë dhe emigrim. Koha luan rolin e dirigjentit të peshës emocionale dhe është edhe një lloj korieri mesazhier në kohë të ndryshme.

Ndryshe ndodh me tregimin Gruaja me të Zeza, ku spikat një tematikë tjetër, por që në thelb ka prapë mesazhin domethënës të gurit të diamantit në letërsi e prozë. Kjo nënkupton atë që në fakt proza e Palit ka synimin e ndriçimit të një faktori historik shqiptar të dhimshëm nëpërmjet penelatës artistike në prozë. Romani ka një medalje tjetër figuracioni. Ai në fakt është mbrusur nga ajo që diku në një intervistë të tij vet autori e shpreh:

"Ideja për të shkruajtur dhe përzgjedhur këtë temë, më ishte fiksuar me kohë, më duhej të obligohesha, më dukej se i isha borxhlli një nipi të nënës sime Mitro Vodës, i cili u vra pabesisht në Shkodër, aty nga vitet '50 nga qarqe shoviniste, mbasi ai sa ishte kthyer nga Jugosllavia Titiste ku shërbente si agjent i joni [Shqipërisë] në Beograd. Ai, ishte djalë i vetëm dhe 26 vjeç. Nuk u shkruajt asnjë fjalë për të, ai vetëm u qa nga nëna e tij që gjithë jetën e kishte shtëpinë të lyer me të zeza. Të tillë fat, patën edhe djemtë e tjerë të bregut, ndoshta ngelën edhe gjallë, por vitet e rinisë së tyre i sakrifikuan për atdheun me misione të mistershme, siç ishte edhe jeta e vetë Robert Aligjonit, heroit të këtij romani. Isha borxhlli i atij grushti djemsh të bregut, si Mitros, Manolit, Andonit, Kleanthit, Arsenit dhe pse jo edhe vete "Robertit" mikut dhe heroi tim".

Pra, duke u kthyer tek tematika jonë, ashtu sin ë romanin e Palit, edhe në prozën e tij më të hershme, gjendet fakti që nënshkruan simptomën e një detaji që përket me njeriun dhe i takon njeriut, që nga primitiviteti. Shpesh me çfarë kritika nëshkruan primitivitet është ndryshe nga ajo që njihet në termin e përditshëm. Me të nënkuptohet dhe konsiderohet primitivë sot është progresi i ditës tjetër. Disaherë progress regreset në primitivizëm, ashtu si në letërsi e sidomos në prozë, kanë tendenca kapërcimi dhe pasqyrojnë në ecje e sipër, në rritje nivelore sekuencat logjike të mesazhit domethënës.

Arti dhe proza e prodhuar në këtë 'fabrikë' filozofike, edhe pse ndonjëherë ka molekula e grimca gjuhësore, prapë se prapë ka një departament të tërë kurues dhe përcjellës të testamentit shpirtëror që ruhet gjatë në mendjen e autorit. Ky art krijues sot është Parthenoni letrar në kapërcyell e sipër. Me këtë mendje kritike, çfarë mund të themi më konkretisht për testamentin tonë artistik sot? Dhe cfarë për atë nesër? Ndërsa ne gjendemi në dy anët e pllakës së historisë, që nënkupton atë që fshihet pas 'lirisë së fjalës' është e rrëndësishme të shënojmë një pritje në qetësi, të vështrojmë me kujdes, të presim frutet, dhe të gjykojmë kontekstin aktual në një rradhitje të mundshme për të zgjedhur çfarë pjese të vlerave dhe çfarë forme të artit në plagën e sagës njërëzore duhet të ndjekim ne në rrugën e artit për të qëndruar në meshën e së ardhmes si një pjesë qëndrueshmërie por edhe mesazhi për hapësirën dhe trashëgiminë kulturore për të ardhmen. Këtu krijimtaria e Palit është e parapregatitur dhe ajo ka gjetur rrugën e saj. Ne duhet veç ta mirëpresim atë. Sot astronautët 'notojnë' në hapësirë si dikur marinarët në detin e trazuar dhe me furtunë. Shkenca na çon atje ku ka nisur rrugën e saj që herët, por filozofia dhe vetëm ajo nëpërmjet fjalës krijuese mund të na thotë neve se çfarë idsh duhet të ndjekim, dhe vetëm media e arti mund të na japin ne eksperiencën e ideve, të këtyre ideve që kanë forma sit ë gurit të diamantit. Këtu duhet edhe ai kujdes që shpeshherë edhe proza e Palit, ashtu mes gjuhës së thjesht e tepër popullore na e paralajmëron.

Diagonalja dhe disimetria e lidhjes organike 'folk-poezi'

Mes nocionit kohë...

Vitet shtatëdhjetë lanë ndikimin e tyre folk-poetik në tërë strukturën e një poezie të dominuar nga propaganda shtet-parti. E gjitha ishte një nomenklaturë didaktike që vinte nga kryqëzime zyrash me një diagonale të përbashkët. Në këtë diagonale u përfshinë emra të dëgjuar, por sipas porosisë së shtrirjes tek masat, zëri iu dha edhe të tjerëve, ose edhe pse jo 'talentëve' me partishmëri. Kur dikush nga këta talentë devijonte disi, fati e përcillte në një kënd tjetër, në këndin e harresës së përjetshme. I tillë ishte Viktor Qurku.

Viktor Qurku (1941-1983), një poet modest nga Çorraj i Kurveleshit botoi mjaft poezi në fund të viteve gjashtëdhjetë e në fillim të viteve shtatëdhjetë, para se të binte viktimë e spastrimeve të 1973- shit. Humbi pasi e kishin demaskuar për poemën Shkëlqimi, dhe vrau veten duke u hedhur nga një shkëmb. Në qershor të vitit 1975 ai do t'i përkushtohej tërësisht një psikoze që ndikohej nga propaganda e kohës, ku sipas parimit 'i vogli mund gjigandin' do të botonte poezinë 'Të shtrëngojmë duart krenarisht, ty, Kamboxhie'. Një vjershë që më së shumti ishte në fakt jo një ditiramb për Qeverinë e asaj kohe, por një thirrje nën zë për atë çka kishte ngjarë me një popull që e kishte çuar politika e tij qeveritare në një luftë që kishte pjell vetëm 'varre dhe vdekje':

"Qeveria jonë i dërgoi përshëndetje,
I dërgoi gëzimin e popullit tim,
O popull që ke parë varre e vdekje,

O popull që ke ndjerë trekëmbësha të zinj..." (Qurku, 1975: 15).

Në anën tjetër Andrea Varfi, i lindur në Qeparo të Vlorës më 21 shkurt 1914, i cilësuar si njëri ndër shkrimtarët përparimtarë të viteve '30 dhe ndër nismëtarët për krijimin e Lidhjes së Shkrimtarëve dhe Artistëve të Shqipërisë, vepra letrare e të cilit është përmbledhur në dy vëllime, nuk ia ndante sytë Azisë së largët, jo vetëm në konceptimin e tij, por edhe në lidhjen me tërë makinën e propagandës së asaj kohe që dënonte "Shtëpinë e Bardhë, Vatikanin e tërë botën Perëndimore' duke vënë vargun e tij në një gjeografi të largët me Shqipërinë, në Vietnam. Varfi shkruan në vjershën e tij "Flet Saigoni: Qyteti Hiroshim": "'Pigmë Vietnami? Vigan proletari" duke parathënë atë lidhje që edhe pse gjeografikisht ishte skajore, në thelb kishte 'lulet e Një Majit' apo 'yllin e kushtrimit'. (Varfi, 1975: 13).

Më tej ishte Llambro Ruci, me poezinë 'Ndezësit e Triumfit' (1975) shkonte më tej kur zgjeronte hapësirën kohore duke dhënë piedestalin e këtij triumfi në një kohë gati tridhjetë e pesë vjecare: "35 vjet të shurdhuan, ty Vietnam" apo edhe më ttutje në vargun sinonim "35 vjet brinjët e tu krisën Vietnam".

Tipike dhe disi e ndërlidhur fort me skajshmërinë e lidhjes organike midis poezisë dhe folklorit në atë shërbim të devotshëm ndaj propagandës, ishte edhe poema Perikli Jorgonit, "Zëra të largët nga Nëntoka". Në këtë poemë Jorgoni gjallëron lidhjen historike të kulturës së memorjes me tërë lidhjen në dobi të konsekuencës organike folk-poezi. Ai e gjen këtë shtrirje tek rapsdi, lahuta, këta elementë të arsyeshëm të folklorit, për të realizuar fabulën e tij me Mbretin Glauk dhe tërë dimensionin e një kafke të gjetur nga punëtorët në galeri.

Folklori, 'autori anonim' dhe krijimtaria

32 vjet më parë në 'kritikën letraro-artistike shqiptare' studimi i Profesor Ymer Çirakut, edhe pse kishte një synim të sqaronte

lidhjen organike midis poezisë dhe folklorit, duke lexuar poezinë e Dritëro Agollit, theksin ia vinte termit 'populli ësht plotësisht tokësor' (Çiraku; 1978:43). Në një mënyrë të ngjashme, Llambro Ruci, (1981) sillte në këndin pamor 'njerëzit për të cilët rron poeti' duke pasqyruar elementët determinues në vëllimin poetik të Spiro Dedes "Njerëzit për të cilët rroj". Ruci shihte poezinë që mbruhet në vlagën e jetës së përditshme 'të ushqyer mes të rrahurës së zemrës së njeriut të thjeshtë të popullit'. Kështu në një mënyrë tipike kritiku e diktonte arsyen e lidhjes së kësaj krijimtarie me elementin më të domosdoshëm të saj 'folklorin'. Dhe këtë term studiuesi Çiraku ndoshta disi më anësore edhe kritiku Ruci e shihnin thuajse gati njësoj, e vështronin metafizikën e saj në çdo fushë të mendimit e veprimit, por edhe në atë të krijimit. (Çiraku, 1978 dhe Ruci; 1981). Veçse, Çiraku shtonte dhe e bënte më të prekshëm faktin detajues se pranë stanit, parmendës, trëndafilit, lumit, luftës...lind kënga dhe vallja e popullit, pra gjendej filozofia me të cilën gatuhej standarti krijues, mes së cilës gjendej e shkuara, e tashmja dhe preambulohej e ardhmja. Dhe e gjitha kjo lindte 'autorin anonim' që sillte në lëminë e folklorit esencën në krijimtari të nisur që nga përrallat. Nga ana tjetër Agim Isaku duke komentuar mbi vëllimin poetik të Vasil Tabakut, "Në të gjitha ditët" sillte në një koordinatë debatuese 'ngrohtësinë e jetës', ku shihte se mbetej 'i pastër imazhi i jetës së vrullshme'; por duke e parë poetin se ishte jo thjesht 'soditës dhe këngëtar i kësaj jete'. Duke lexuar Isakun në kritikën e tij, gjejmë pikërisht atë nyje që vetë teksti na e sjell si një faktor në lidhjen që pasohet nga 'folklori, 'autori anonim' dhe krijimtaria'. Ndërsa nga studimi i Çirakut natyrshëm mund të shohim zanafillën e shëndoshë të një studimi serioz e tepër të domosdoshëm për krijimtarinë dhe analizën letraro-artistike shqiptare, me të cilën autori tenton të sqarojë raportet në krijimtari mes trinomit 'folkor-'autor anonim'-krjimtari'.

Kompleksiteti ndërlidhës

Marrëdhënia në mes poezisë dhe tregimit gojor, apo edhe përrallës, është mjaft komplekse. Përralla e famshme "Sir Gawain dhe kalorësi Green" është vendosur në traditën Arthuriane, këndohet si këngë dhe është ngulitur në vlerat çivalrike. Ajo është shkruar edhe në një dialekt të veçantë të gjuhës angleze dhe përmban disa imazhe të fuqishme rurale dhe folklorike. Ajo është e njohur nga vetëm një dorëshkrim dhe është interpretuar në mjaft krijime, madje edhe në kinematografi. Por, edhe pse përbën një fakt lidhës me përrallën shqiptare të "Dhia e kecat", me të cilën Agolli synoi konkretizimin e përfytyrimit të ndjenjave më abstrakte, duke përshkruar me hollësi detajet më simbolike, ajo nuk është tejkaluar kurrë si një 'përdorim pa kursim'. Përdorimi i krijimtarisë së bazuar në të gjithmonë ka qenë elementar. Ndryshe ndodh me Agollin që përpos këtij konkretizimi mes futjes së motivit të përrallës, 'mund të kishte përdorur atë më me kursim'. Çiraku shprehet se "Këtij konkretizimi i shërben në poemë edhe futja e (motivit të përrallës së dhisë e të kecave, që mbase, sic ka vënë në dukje kritika, mund të ishte përdorur më me kursim (Çiraku, 1978:46). Pra ky poet shqiptar që bazohej e frymëzohej nga krijimtaria folklorike e popullit dhe 'autorit anonim' duhej të mos kishte tejkaluar normat e lejuara të lidhjeve organike në mesin e krijimtarisë së shkruar dhe asaj gojore, ku përsëri sipas Çirakut del se "Si artist i madh, edhe në atë anë, populli është më konsekuent" (ibid).

Shumë nga mitet e romancës që janë shkruar e botuar në botimet prestigjioze për laikët e pasur të klasës aristokratike janë në vargje dhe kanë një origjinë të pasur nga krijimtaria gojore. Kjo diktohet nga vetë origjina e tyre që frymëzohet në traditën gojore, pasi kjo krijimtari lexohej dhe këndohej nga të përzgjedhur për kënaqësinë e kësaj klase dhe jo të publikut të gjerë. Këto vepra tregojnë ekzistencën e diçkaje që ishte e zakonshme në traditën letrare mesjetare dhe asaj të krijuar me gojë, por që tani ka vlera të rralla për kulturën por edhe si një aspekt mesazhier për të treguar një lidhje në histori.

Disimetria me baladat

Këto krijime ishin prodhuar për blerësit e tyre që ishin të klasës së lartë dhe patronët e tyre, dhe ata duhej të shihnin natyrshëm të reflektuar veten e tyre në to, më së shumti në ilustrime. Është intriguese në fakt një ngjashmëri me baladat shqiptare, apo edhe Ballkanike në përgjithësi, ku shihet që heroi i këtyre baladave vinte nga shtresa të ndryshme sociale, me atë figurë të krijuar me mitin Robin Hood, e cila është fakt se gjendet në formë të dorëshkrimit, por materializohet vetëm nga tradita gojore. Segmentare me këtë fakt, parë nga një miniaturë tekstore, është vetëm një kopje e shekullit të 14 e serenatës së Aleksandrit, që përshkruan shekullin e 14 në mënyrë të hollë aristokratike jashtë kështjellës (Biblioteka Bodleian, MS Bodley 264, faqe:164b). (Nga Shoqëria e re Palaeografikales 1906). Këtu është ajo që mund të cilësohet si një disimetri në këtë lidhje.

Marrëdhënia në mes dokumentit dhe krijimit me gojë të folkut apo edhe krijimit nën termin 'autor anonim', është e vështirë të shpjegohet në fakt kur veç faktorit 'kohë'; janë edhe disa arsye të tjera që shtojnë dimensionin e disimetrisë. Disa vepra janë të njohura nga kopje-dorëshkrimet shumë të pakta dhe kjo mund të jetë e vështirë për të përcaktuar nëse një krijimtari e veçantë poetike në thelb është një punë e ardhur nga krijimtaria me gojë apo me shkrim, apo është kësisoj një punë letrare pothuajse e humbur. Por kjo është njëra anë. Ana tjetër është ajo që vjen 'nga përdorimi pa kursim' të cilin me gjuhën e Çirakut mund ta shohim si një devijim të vlerave reale të tij, si një 'autorësi' e përvetësuar gabim e në rrugë të debatueshme.

Lënda e poetit dhe figurat

Kjo ndoshta mund të shihet edhe si një arsye të cilën në krijimtarinë e Agollit, Çiraku e sheh si arsye 'pikëreferimi'. Vetë autori i këtij studimi të marrë në konsideratë dikton: "Nga natyra përqark, ashtu si populli, poeti nxjerr edhe lëndën për të ndërtuar figurat stilistike, sidomos krahasimet, similitudat, epitetet, paralelizmat figurative, metonimitë e ndonjë tjetër. Larg manierave intelektualiste, të lidhura fortë me realitetin konkret ato s'tingëllojnë as banale e vulgare, por të shëndetëshme, tokësore e realiste. Përdorimi me sukses sidomos i krahasimeve në poezine e Agollit, kundërshton edhe ndonjë pikpamje naive të shfaqur aty-këtu rreth "inferioritetit" të kesaj figure në raport me të tjerat."(Ibid). Studiuesi shqiptar e sheh edhe një fakt tjetër. Prania e natyrës me shfaqjet më të shumëllojta të saj, është një tjetër element që fiton vlera artistike në një krijimtari popullor. Nga flora, fauna, aktiviteti familjar, blegtoral e bujqësor, njeriu i thjeshtë i punës ka sjellë pas vrojtimesh të shumta, personazhet dhe ambientet e balladave, legjendave e përrallave të tij.

Në folklor, natyra me ambientet e saj s'kanë vlera ornamentale por shkrihen një me pathosin dhe idetë e krijimit. Poeti anonim u jep shpesh atyre atribute njerëzore dhe i vendos në raporte të tilla, që të shquhen në shkallën më të lartë cilësitë e njeriut. Në poezinë e Agollit natyra dhe ambientet shqiptare, sidomos ata nga fshati, zënë vend të dukshëm. Ndërsa tek 'talentët' e partishëm kjo është vetë fatura e asaj që prodhon diagonalja dhe disimetria e lidhjes organike 'folk-poezi'.

Zafirati i jetëlidhjes së imazheve poetike

Poetin Vangjel Zafirati është jetëlidhja poetike mes dy kulturave. Vargu i tij është vetë jetëkultura që lidh, dimensionon, udhërrëfen, pikëtakon, transmeton detaje që lidhen me bashkëjetesën, forcën dhe traditën e kësaj bashkëjetesë të radhur nga vetë natyra jetëdhënëse. Është poeti që gjen gjuhën me "Portokallet e vogla" dhe pastaj mes retorikës së filozofisë së tij *"Ç'mendojn/t voglat/veshur n t bardha?!"* na detajon elementet e vetë kësaj retorike të ndërlidhur me jetën dhe bashkëjetesën e saj. poezi të tilla si *"Burimi i pyllit"*; *"Etje"*; *"Bisku i lules"* apo *"Pranverë"* janë dëshmi të këtyre transmetimeve elokuente të gjithëjetesës njeri-natyrë. Por, jo kaq thjesht, ky poet nuk është vetëm një jetëlidhje kulturore, por edhe një poet që përdor linjat e hapjes poetike për ti dhënë tonin poezisë së tij. Le të shohim poezinë e tij *"Trupi yt"*.

Vangjel Zafirati shkruan: *"N kraht e mi,/Nj lum/Veror dhe i argjendt q dridhet./Dhe pylli i flokve t tu,/Pes shelgje/Zallishten e bardh prkdhelin./Kndon puhiza n zallishte:/"Mi fal syt e zinj, buzt si qershi"."* Në këto vargje shihet se poezia sht e prbr nga nj fjali e thyer deri n intervale t ndryshme, dhe kjo mjafton të themi se sht e vrtet pr t thn se ajo është e lirë apo e thyer për "aq sa varet nga" çdo linj e poezisë. Kjo sht kshtu pr shkak se forma e poezis sht edhe kuptimi i saj. Kjo mund t duket konfuze, por nga fundi i poezisë imazhi i imagjinares (natyrë-jeta) shihet si poem aktuale në ndërlidhje mes shelgjeve, zallishtes, puhizës, si n nj piktur kur sheh nj imazh t nj qershije, qershija prfaqson nj objekt aktual n realitet, por q ajo sht pjes e nj pikture, pra vetë buzë-qershija edhe kështu ajo bhet pjes aktuale e artit. Kto rreshta jan gjithashtu t rndsishme sepse ato kanë futur iden se "aq sa varet nga" buzë-qershija, aq është edhe lidhjejeta.

Ktu imazhi i grupfjalëshit 'pylli i flokëve' sht futur stigmatik. Ai është një lidhje me shelgjishten, por edhe valëlumin e jetës. Vini re rrokjet, fjalësinë mesazhëruese, kumtin dhe dihatjen poetike. Këtu s'ka vetëm pauzë poetike, s'ka vetëm kumt, por është një këmbim lidhjesh me ndërrim metaforik. Kjo karakterizon edhe efektin për të thyer imazhin

n pjes t tij m elementare. Lexuesi ndjehet sikur ai ose ajo janë aktorë të shqyrtimit në çdo pjes t skens. Prdorimi i retushimit poetik me ngakesë natyrore, të kryera si nj piktor që i prdor linjat dhe ngjyrat, nga Zafirati shihet nga struktura që ai ngarkon tek fjalt n mnyr q t ju të shihni objektin akoma në një disnivel m t ngusht. Prsri, fjalt disarrokshe zgjasin linjat me ndihmn e asonancës dhe pajisjes letrare. Ktu togfjala "sytë e zinj" evokon nj tjetr imazh piktorizues. Ashtu si lexuesi ka filluar t vrejë rrjedhën e lumit veror në krahët e poetit përmes disa perspektivave të tij, lumi vetë ritransmeton vështrime më të reja.

Ky vizion i ri i imazhit sht ajo q Zafirati sht duke synuar pr t transmetuar edhe tek vëllimet e tij të tjera *"Mua fushat më njohin", "Loti i gurit", "Gurë edhe det", "Borzilok fletëgjerë" e "Qyteti me diell"*.

Konventa rigoroze mes vargjeve t poezis së Zafiratit krkon thjesht tre fjal n rreshtin e par t çdo çifti dhe nj disimetri n t dytin. Por termini i linjs përdor prer fjalt n aspektualitetin e zgjedhsit të saj, pa prdorimin e hipenacionit dhe paralajmrimit që në disa poezi vjen mes emërin në simbolikë.

Vizioni dhe rezonanca: Dy sense të formulimit poetik

Tek poezia *"Pranver"* interpretimi i *"pshertin e gjith rrepishtja"* mbështetet jo vetëm në dihatjet njerëzore, por edhe në imazhin që krijon natyra tek njeriu. Nuk është rastësi. As edhe një zanafillë. Poeti e di këtë. Ai e ngurtëson ngadalë mes vargjeve të tilla *"Rend me nxitim ndrra e saj./Lum i shndritshm prmes rrepishtes./Rroba t bardha t nderura n diell/E mbi degt e pranvers./Me puhizn e par, gati t ngrihem./ndrra rinore q nxjerrin krah./Nj vajz lan rrobat n lum/e pshertin e gjith rrepishtja."* Interpretimi i imazheve këtu është një ndihmë për lexuesin.

Lexuesi mund t justifikohet n këto vargje duke pasur parasysh thjesht vargun mosprfills, apo ndoshta ai mund t mendoj se poeti ka pr qllim vetm t argtoj me an t imazheve, q ai na krkon t imagjinohen, nga kto imazhe t krahasonte ngjyrimet, nj fotografi apo piktur jo thjesht sa për të lexuar. Megjithat, toni poetik i këtyre imazheve nuk e fton lexuesin për nj shkarkimi të prgjithsuar. Në si lexues në këtë poezi dshirojm t dim se çfar çshtje lidhen e ndërlidhen jetësisht me dhe nga kto gjra, pr cilin ata shfaqin rndsi dhe ku kumtojnë me mesazhin e tyre lirik.

Prgjigjja mund t merret dhe mund të jet e sugjeruar nga nj metafor e vetë poezisë, e asaj që lidhet me vetë togun *"pshertin e gjith rrepishtja".*

Kështu ne mund t identifikojm dy kontraste n këtë poezi. Njri sht n mes vetë jetikes së imazhit të vajzës që lan rroba dhe tjetri është në veprimin që intrigon me natyrën. Kjo dhe mjaft të tjera e bëjnë poezinë e Zafiratit një jetëlidhje të imazheve poetike me jetën në tërësi si argument filozofik në ndjesinë e njëriut.

Poeti Vangjel Zafirati

Vangjel Zafirati lindi dhe banon në qytetin e Sarandës. Ka studiuar për ekonomi në Universitetin e Tiranës dhe ka punuar ekonomist në disa sektorë dhe më vonë gazetar . Akoma nxënës i gjimnazit ka shkruar e botuar herë pas here cikle poezish në shtypin periodik.

Ka botuar vëllimet poetike: "Mua fushat më njohin", "Loti i gurit", "Gurë edhe det", "Borzilok fletëgjerë" e "Qyteti me diell".

Përveç poezisë, ka shkruar e botuar studime të ndryshme folklorike,etnografike si dhe ka kryer një sërë hulumtimesh në fushën e legjendave e traditës kulturore.

Poezite e ketij cikli jane shkeputur nga vellimi "Qyteti me diell".

Referenca:

Altick, R. D. (1985) *Pikturat nga librat: Arti dhe literatura në Britani, 1760-1900* (Paintings from Books: Art and Literature in Britain, 1760-1900). Columbus: Ohio State University Press.

Boyle, A. J. (1997) *Tragic Seneca: an essay in the theatrical tradition*. Londwr: Routledge.

Dervishi, Z. (2008) *Lente të ndërveprimit simbolik*. Tiranë: Emal

Gotthold Ephraim Lessing, G. E. (1887) *"Laokonti: Një ese mbi limitet e pikturës dhe poezisë"* (Laocoon: An essay upon the limits of painting and poetry). Londër: Roberts Brothers.

Mato, J. (1975) *Marrëdhëniet reciproke midis llojeve të artit*. Tiranë: Nëntori.

McGrath, A. (2008) *The Twilight Of Atheism: The Rise and Fall of Disbelief in the Modern World*. Londër: Random House.

Uçi, A. (1972) *Estetika, jeta, arti*. Tiranë: 8 Nëntori.

Materiale të tjera bibliografike:

Aliu, Ali, (1980) *Kritika*

Aliu, Ali, (1982) *Studime Letrare*

Aliu, Ali, (1984) *Teoria e letërsisë.*

Aliu, Ali, (1996) *Reflekse Letrare* (ese)

Aliu, Ali, (2000) *Antologjia e poezisë bashkëkohore shqiptare*

Althusser, Louis & Balibar, Etienne (1970). Reading Capital. Përkthyer nga Ben Brewster. Londër: New Left Books.

Appleyard, Bryan, (1999) *Understanding the Present: Science   and the Soul of Modern Man.* Londër: Education

Archer, Jefrey, (1988) T*he Eleventh Commandment.* London: Routledge.

Aristoteli, (1968) *Poetika*, Prishtinë,

Barthes, Roland, (1985) *Mythologies.* London: Rowtledge.

Bazerman, Charles (1994). *The Informed Writer: Using Sources in the Disciplines.* Edicioni i pestë. Houghton Mifflin Company.

Bell, David, (2008) *Fjala në prezantimin e librave të Kadaresë*

në Southbank të Londrës

Berisha, Anton Nikë (2003) Piksime estetike mbi artin e fjalës. Prishtinë: Shpresa & Konica.

Berisha, Anton Nikë (2005) Çështje teorike të letërsisë. Prishtinë: Faik Konica.

Berisha, Anton Nikë *Materiale online: "Rrëfimi si dramatikë jetësore dhe si dramatikë shpirtërore"*

Biresssi, Anita & Nunn Heather (2008) *The tabloid culture*

reader, London: Open University Press. Faqet

285-302.

Brown, A., (1992) *Roland Barthes: The Figures of Writing,* Oksford: Clarendon   Press.

Calvet, J-L., (1973) *Roland Barthes: un regard politique sur le signe,* Paris: Payot.

Caroll, Lewis *Aventurat e Lizës në Botën e çudirave* faqe 10.

Cartwright, Justin, *Deep Six* (1972), *Fighting Men* (1977), *Horse of Darius* (1980), *Freedom for the Wolves* (1983), *Interior* (1988), *Look at it This Way* (1990) *Masai Dreaming* (1993).

Cope, Wendy (1945) *"Arkiva e poezisë: A jet-age Tennyson".* Londër: Review

Culler, J., (1983) *Roland Barthes*, Londër: Fontana.

de la Croix, A., (1987) *Barthes: pour une éthique des signes*, Bruksel: Prisme.

Çabej, Eqrem, (1970) *Për gjenezën e literaturës shqipe,* Prishtinë.

Çapaliku, Stefan (1999) Ernest Koliqi Kritikë dhe Estetikë. Tiranë: Apollonia

Çela, Zija *Artikuj dhe materiale online dhe thënie të autorit për shkrimtarë të tjerë.*

Çiftja, Hektor *Fjala dhe esja e tij në lidhje me veprën e Arshi Pipës* (online)

Deleuze, Gilles. *Cinema* numri 2 faqe 42-49

Docker, John (1995) Postmodernism and Popular Culture a Cultural History. London: Cambridge University Press.

E. T. Bannet, (1989) *Structuralism and the Logic of Dissent: Barthes, Derrida, Foucault, Lacan*, Londër: Macmillan.

Ekegren, P. (1999). *The Reading of Theoretical Texts. A Critique of Criticism in the Social Sciences.* Londër: Routledge. (Routledge Studies in Social and Political Thought, 19).

Elsie, Robert, (1983) *Historia e letërsisë shqiptare*, Tiranë

Fages, J.B., (1979) *Comprendre Roland Barthes*, Paris: Privat.

Greenlaw, Lavinia (1993) *Night Photograph* Londër: Siegge

Greenlaw, Lavinia (2007) "Kryesorja e muzikës tek vajzat". Londër: Faber and Faber.

Grliq, Danko (1983) Histori e mendimit filozofik. Prishtinë: Rilindja.

Gruda, L., (1906) *Vargenimi N'Gjuhë Shqype*, Napoli.

Halpern, D.F. (2003), *Thought & Knowledge: An Introduction to Critical Thinking*, 4th ed., Lawrence Erlbaum Associates, Mahwah, NJ.

Hamiti, Sabri (2000) Letërsia moderne shqiptare.

Tiranë: Alb-as.

Hamiti, Sabri (2002) Kritika letrare 6. Prishtinë: Faik Konica.

Hawkes, Terence (2007) *"Praktika tekstuale: Shekspiri në të tashmen"*. London: Routledge

Heidegger, Martin *"Arti dhe Hapësira" publikuar nga rimendimi arkitekturor: lexim në teorinë e kulturës* me editor N. Leach faqe 122, 123.

Jacques Derrida *E vërteta në pikturë faqet 33-36 dhe mendimi i tij nga teoria e Kantit: Kritika e gjykimit.*

Jefrey Archer, (1998) *"Detyrimi i Njëmbëdhjetë" (The Eleventh Commandment)*

Jorgaqi, Nasho (1996) Estetika e fjalës shqipe. Tiranë

Joris, Pierre Në vend të parrathënies tek përkthimi i poezive të Celan, *"Lightdurres"* faqet 15-18.

Konica, Faik (1993) Ca këshilla mbi artin e shkrimit, tek "Vepra", hartuar nga Nasho Jorgaqi, Xhevat Lloshi, Naim

Frashëri. Tiranë.

Krasniqi, Milazim (2005) *Soneti në poezinë Shqipe* Prishtinë: PEN Qendra e Kosovës

Kuhn, T. S. (1962, 1970). *The Structure of Scientific Revolutions.* Chicago, IL: University of Chicago Press.

Lavers, A., (1982) *Roland Barthes: Structuralism and After*, Londër: MacMillan.

Leak, A., (1994) *Roland Barthes: Mythologies*, Londër: Grant & Cutler.

Lloshi, Xhevat, (1988) *Njohuri për stilistikën e gjuhës shqipe*, Rilindja.

Luboteni, Gani, (1964) *Teoria e letërsisë*, Beograd.

Lye, John, (2008) *"Leximi kritik: një guidë"* (Critical Reading: A Guide)

Mann, Stuart E., (1969) *Albanian Then and Now*, (Gjendet në British Library)

McRobbie, Angela (1994) *Postmodernism and Popular Culture* London & New York: Rowtledge

McRobbie, Angela, (1994) *"Postmodernizmi dhe Kultura Popullore"*

Moriarty, M., (1991) *Roland Barthes*, Oksford: Polity.

Njohuri nga teoria e letersisë (Tekst për shkollat e mesme), Tiranë, 1987

Njohuri nga teoria e letersisë dhe stilistika gjuhësore (Tekst për shkollat e mesme), Tiranë, 1991

Nordhal Lund, S., (1981) *L'Aventure du signifiant: une lecture de Barthes*, Paris: PUF.

Pepa, Agim (2006) *Refleksione letrare* Tiranë: Arbëria.

Roger, P., (1986) *Roland Barthes*, roman, Paris: Grasset.

Ross, Alex, (1998) *"Sound and Fury"* Londër: Rowtledge.

Rrahmani, Zejnullah (1999) *Teoria e letërsisë për shkollat e mesme*, Prishtinë: Libri shkollor

Rrahmani, Zejnullah, (1986) *Nga teoria e letërsisë Shqipe.*

Rugova, Ibrahim (1996) Kahe e Premisa të Kritikës Letrare Shqiptare (1504-1983). Tiranë & Prishtinë: Eurorilindja.

Shuteriqi, Dhimitër, (1968) *Metrika Shqipe.*

Solzhenicin, Aleksandër (1970) *Marja e cmimit "Nobël".*

Fjala   e mbajtur në Akademinë Suedeze.

Spasse, Sterjo, (1972) *Elementet e para të teorisë së letërsisë*, Prishtinë.

Stine, Robert Lawrence, (1989-1997) *"Fear Street"*

Stine, Robert Lawrence, (1990) *"Choose your own adventure"*

Stine, Robert Lawrence, (1992 - 1997) *"Goosebumps"*

Sturrock, J., (1979) *Structuralism and Since: From Lévi Strauss to Derrida*, Oksford: Oxford University Press.

Thody, P., (1984) *Roland Barthes: A Conservative Estimate*, Londër: MacMillan.

Toffler, A. 1980. *The third wave.* Londër: Pan.

Tolkiens, John Ronald Reuel (1954 - 1955) *"I zoti i Unazave"* (The Lord of the Rings)

Tolstoy Leo, (1869) *"Lufta dhe Paqja"*, (War and Peace),

Tucker, William H. (1994). *Facts and fiction in*

the discovery of Sir Cyril Burt's flaws. Journal of

the History of the Behavioral Sciences

Uçi, Alfred (1999), *Estetika e letersisë Shqipe*, Elbasan: Onufri

Ungar, S., (1983) *Roland Barthes: The Professor of Desire*, Lincoln, Nebraska.

Wasserman, G., (1981) *Roland Barthes*, Boston: Publishers.

Wellek, Rene & Ostin Worren, (1982) *Teoria e letërsisë*, Prishtinë.

Willinsky, John (1991) *"Postmodern Literacy: A Primer"* fq. 56

Wiseman, M., (1989) *The Ecstacies of Roland Barthes*, Londër: Routledge.

Xhuvani, Aleksandër & Kostaq Cipo (1982) *Fillime të stilistikës e të letërsisë së përgjithshme*, Prishtinë.

Xoxa, Jakov, (1970) *Hyrje në shencën e letërsië*, Prishtinë.

Zheji, Gjergj, (1990) *Bazat e vargëzimit shqip*, Prishtinë.

Indeksi: